河出文庫

リーマントラベラー
週末だけで世界一周

東松寛文

河出書房新社

はじめに

はじめまして、「リーマントラベラー」の東松寛文《とうまつひろふみ》と申します。

僕は、平日は東京にある広告代理店で働くかたわら、週末や連休を最大限利用して、世界中を旅するサラリーマンです。

リーマントラベラーとは、サラリーマンをしながら旅を続ける旅人のスタイルで、「サラリーマン（会社員）」と「トラベラー（旅人）」をかけ合わせて僕が作った新しい言葉です。なお、ここでいうサラリーマンは、男性だけではなく女性の会社員の方も含めております。

そんな僕が海外旅行にハマってしまったのは社会人3年目の２０１２年。ひょんなことがきっかけで海外旅行の虜《とりこ》になってしまいました。それ以来、週末や連休を駆使して隙あらば世界中を旅行。社会人3年目から15年目までの12年間で、85か国２０４都市に渡航しました。総移動距離はなんと地球23周以上です。

そんなことをしていると、気がついたら「世界一周がしたい！」という禁断症状が出てしまい、２０１６年10月から12月に〝週末だけで世界一周〟に挑戦。その結果、会社を辞めずに3か月で世界一周を達成してしまいました！

すると、「旅が好きな普通のサラリーマン」だった生活が一変します。

２０１６年12月、なんと〝週末だけで世界一周〟が、『地球の歩き方』に認められ、作家の角田光代さん、脳科学者の茂木健一郎さんと並んで「旅のプロ８人」に会社員代表として選出されてしまったのです。

それはもう人生で一番うれしい出来事でした。

僕に起こった〝奇跡〟はそれだけでは終わりませんでした。

２０１７年に入ると、この世界一周の偉業（!?）、そしてこの新しい働き方がさまざまなメディアにも取り上げられ始めたのです。

日本テレビ『行列のできる相談所』、テレビ東京『ガイアの夜明け』をはじめ、多数のテレビ番組からオファーをいただき、なんと芸人さんとトークする機会もいただきました（僕は滑舌がめちゃくちゃ悪いのですが、テレビでは〝テロップ〟に幾度となく救われました)。海外ロケには5度も連れて行っていただきました。

また、僕の地元の岐阜新聞ではインタビュー記事が掲載され(地元の友人たちからの反響がすごかった!)、女性ファッション誌『CLASSY.』でコラム連載が始まり(こんな僕がまさかの女性誌!)、新聞や雑誌でもたびたび取り上げていただきました。

さらには、大変僭越《せんえつ》ながらも、オーストラリア・ケアンズの「ケアンズ&グレートバリアリーフ観光大使」や、岐阜県羽島市の「羽島市公式アンバサダー」、九州旅行博覧会の「公式サポーター」にも選んでいただき、活動しています。

これらのことをすべて、今も本業であるサラリーマンを続けながらやっていま す。よく「疲れませんか?」と聞かれますが、大好きなことをやっているだけなので、まったく疲れません。むしろどんどん元気になっていきます!

そんな僕ですが、12年前は〝社畜寸前〟のサラリーマンでした。そもそも海外旅行に行くこと自体が夢のまた夢で、まさか12年後にこんな生活をしているとは思ってもみませんでした。

僕は世の中に「働き方改革」の波が起こるずっと前の2012年から、自分の働き方を変えて、「自分らしい生き方（＝リーマントラベラー）」を見つけました。

このときに痛感したのは、働き方を自主的に変えるむずかしさ。サラリーマンというのは、自分一人の意思で決められることがあまりにも少なすぎるからです。

しかし、サラリーマンでも簡単に変えられることが一つだけあります。

それは、「休み方」を変えること。休日の過ごし方は自主的に変えることができます。休み方が変われば、おのずと「働き方」も変わります。そして、働き方が変われば、「生き方」だって変えることができるのです。

そうやって僕は、サラリーマンを続けながら大好きな「旅」と出合い、「旅」を通じて、「自分らしい生き方」を見つけることができました。むしろサラリーマンを続けながらだったからこそ、時間さえ捻出すれば、世界中へ旅に出て、さらにはさまざまなチャレンジまでできたので、「自分らしい生き方」を見つけられたのだと思います。

そう！　僕は「旅」によって、自分を知り、新しい自分に出会い、そうすることで、最高の毎日が待っていました。そのために、会社を辞める必要はなかったのです！

もしもあなたが旅好きなサラリーマンなら、「こんな旅もあるんだ〜」と思いながら読んでいただきたいですし、もしもモヤモヤしているサラリーマンなら、「こんな方法でも人生は変わるんだ〜」と思いながら読んでいただけたらうれしいです。もちろん、サラリーマン以外の方も楽しんでいただけると思います！

いずれにせよ、「こんな生き方もあるんだ〜」と、読んだ方の生き方の一つの選択肢になり、誰かの自分らしい生き方を見つける一助になれたら、僕は最高にうれしいです。

それでは、「週末」と「貯金」を使っただけで起こった奇跡と、〝社畜寸前〟のサラリーマンだった僕が「自分らしい生き方」を見つけるまでについてお話しします。

さあ、僕と一緒に、旅に出ましょう。

CONTENTS

はじめに …… 3

第1章 旅と無縁の〝社畜寸前〟時代 …… 2010年4月 東京 17
〝フツウ〟すぎる学生時代／〝社畜寸前〟の新入社員時代
気がついたら〝社畜寸前〟を謳歌していた

第2章 僕が旅を始めるきっかけの旅 …… 2012年5月 ロサンゼルス 27
絶望から始まった初めての一人海外旅行／生まれて初めての英会話
夢のNBAプレーオフ観戦／初めての一人海外旅行で得た大きな収穫
TRANSIT 1 旅が働き方を変え、人生を変えた …… 42

第3章 僕が旅に行く理由に気づいた旅 …… 2015年5月 キューバ 47
今しか見られない景色を見たくて

すでに観光地化していたキューバ中心部
〝紀里谷スタイル〟発動！／今まで見た中で一番の絶景
TRANSIT 2 僕が〝わざわざ〟海外旅行に行く理由……65

第4章 週末だけでも奇跡が起きた旅……2016年9月 香港 71
佐々木希ちゃんになりたくて／まさかの問題発生！
「anan 香港 佐々木希」で検索／2週間後、再び香港へ
Yahoo!ニュースのトップを飾る
TRANSIT 3 生まれて初めてやりたいことが見つかった……86

第5章 「行ってみないとわからない」とわかった旅……2016年10月 イラン 93
「未知の国」から始まった世界一周／あれ？ 全然怖くない！
サタデーナイトがマンデーナイト
実はイラン最大のお祭りの前だった／戒律と寛容の狭間で

TRANSIT 4 〝週末だけで世界一周〟がスタート！ 111

第6章 世界一お洒落なジェントルマンを探す旅 2016年11月 コンゴ共和国 117
武器を捨て、エレガントに生きる／消えた唯一の手がかり
セボン、セボン、セボン／お洒落をするのはサプールだけじゃない!?
大逆転を信じてコンゴ人の家へ／週末だけでも夢はかなう

TRANSIT 5 前人未到の〝週末だけで世界一周〟を達成 140

第7章 史上最高の奇跡が起きた旅 2017年9月 サウジアラビア 147
唯一の抜け道は「サッカーの公式戦」／宗教が根づいている生活
〝アウェーの洗礼〟を浴びながらスタジアムへ
スタジアムを探検、ここでもお祈り
「お祈りの写真」が原因でTwitterが炎上!?／僕史上最高の奇跡

TRANSIT 6 旅を通じて僕に起こった一番の奇跡 169

第8章　見えている世界が広がった旅……2023年3月　タイ　177
この世界から「旅」が消えるまで／新たな旅のはじまり
「できない」と決めていたのは結局、自分
1か月半の育休を取ってタイへ／視点が増えたことで広がる世界
子育てにも「お休み」は必要／これからの僕の旅のカタチ

おわりに……207

TABI NO SHIORI
旅のしおり
リーマントラベラー直伝！
今すぐ行ける海外旅行10のテクニック……213

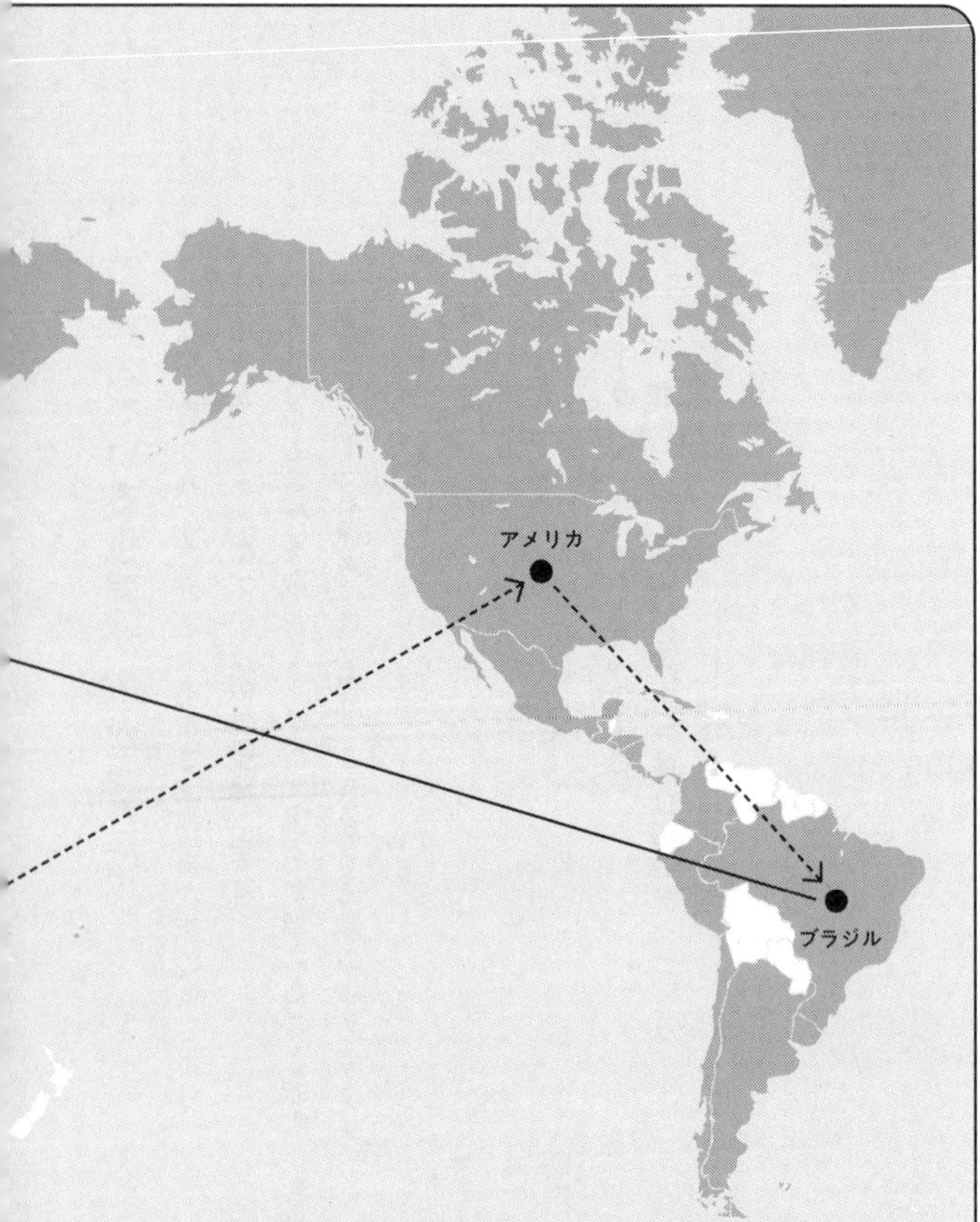

社会人3年目（2012年）以降、

12年間で渡航した国々：85か国204都市

（2024年3月現在）

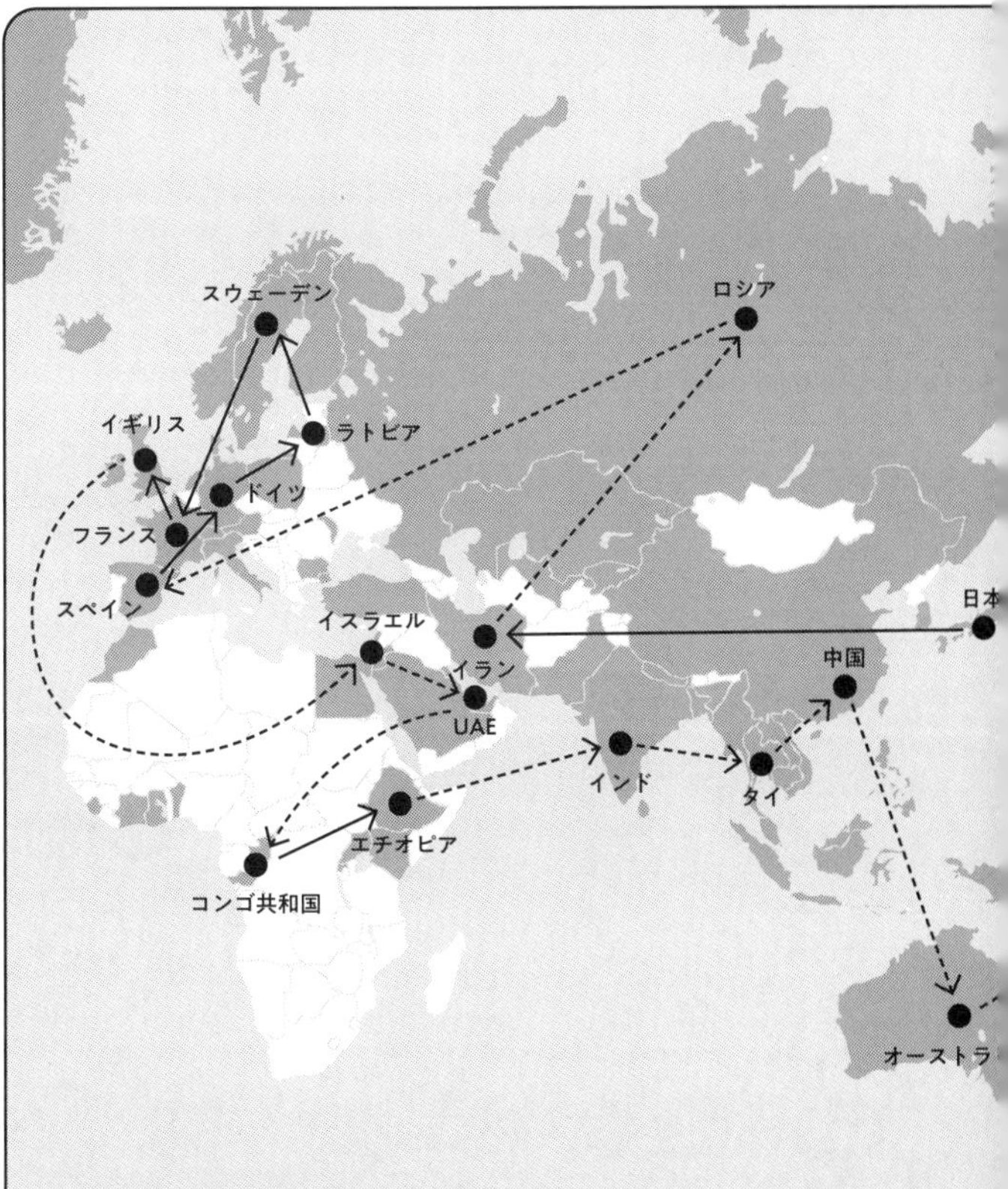

● “週末だけで世界一周”で訪れた国

← 直行便 or 日本以外経由で渡航

←-- 日本経由で渡航

リーマントラベラー

第1章

旅と無縁の"社畜寸前"時代

2010年4月

東京

〝フツウ〟すぎる学生時代

「きっとこの会社で一生働くんだろうなあ」

２０１０年４月。22歳の僕は、そんな思いを馳せながら大学卒業後、生まれて初めて東京に出てきて、新卒で都内にある広告代理店に入社しました。

１９８７年10月、僕は岐阜県羽島市で生まれました。父親は銀行員、母親は専業主婦という家庭で育ちました。

小学校、中学校は地元の公立校。小学４年生から野球を始めましたが、中学に入ると、野球はデッドボールが痛そうだったので、当時から１７０㎝あった身長が活かせるだろうと思い、バスケットボールを始めました。

高校は運良く県内一の進学校である県立岐阜高等学校に入ることができました。しかし、高校でもバスケ三昧の日々。

なんとなくみんなが進学するので大学に行こうと思い、一人暮らしがしたかったのと海があるお洒落な街に住んでみたかったというぐらいの理由で、神戸大学を志望し、将来潰しが効きそうというぐらいの理由で経営学部を目指しました。

しかし、受験勉強を始めたのは高校3年生の夏の終わり。他の友人たちより受験勉強のスタートが遅かったので、「このままだと間に合わない！」と思い、学校を休んで図書館で勉強しました。友人たちが学校で演習問題を解く間、僕は図書館で基礎から勉強して、その結果、なんとか合格することができました。

2006年4月、僕は神戸大学に入学しました。念願の一人暮らしのスタートです。

大学のバスケ部は身長が2mを超える選手が何人もいて、181㎝の僕では到底かないそうもありません。そこで、バンドサークルに入って、青春ドラマ『オレンジデイズ』のような甘酸っぱい学生生活を送ろうと試みました。

しかし、バンドサークルの新入生歓迎イベントに行ってみると、そこには金髪でチャラチャラした怖そうなお兄さんがいっぱい。僕はその先輩たちを見て、その場から逃げ出しました。

そのイベントの帰り道に出合ったのがアメリカンフットボールです。

僕のガタイとご飯の食べっぷりを見て、熱烈に勧誘されました。そして、その場で入部を決めました。

それからは授業にも行かず、毎日練習と筋トレで家と学校を往復する生活。僕が思い描いていた『オレンジデイズ』のような学生生活とは真逆の泥臭い毎日が待っていました。

しかし、ガタイと食べっぷりが良くても、大学から始めた僕が活躍できるほど世の中は甘くありませんでした。どんなに練習してもなかなか試合に出られず、ベンチを温め続ける日々。あとから入部した後輩のほうが活躍している。アメフトは僕には向いていないんだと、薄々感じていました。

続ける意味が見出せない一方で、部活をなかなか辞められない自分もいました。「辞めたらみんなにどう思われるのかわからないし、ここまで支援してくれた親にも申し訳ない」（今思えば、やりたいことがなかなか見つからずに仕事にやりがいを見つけられない、サラリーマンのような生活でした）

結局、最後まで辞められず、もちろんレギュラーになることもできず、4年間ベンチを温め続けて引退しました。

一方、学業のほうは、出席を取る授業くらいしか出ていませんでしたが、アメフト部以外の周りの友人たちに助けてもらって、なんとか卒業までに必要な単位はギリギリ取れました。

就職活動も、周りのみんなと同じように大学3年生の終わりから始めました。しかし、将来やりたいことや実現したい夢などまったくなく、将来夢が見つかったときのために〝なんでもできそうな〟広告代理店を中心に複数のメディア系企業を受けました。最終的には、志望していた広告代理店の内定をゲットすることができました。

ちなみに、こんな感じであっという間の4年間だったので、もちろん海外旅行とは縁のない生活。留学なんて夢のまた夢で、海外旅行ですら4年間で行ったのは大学4年生の終わりの卒業旅行のみでした（今思えば、このときにもっと海外に行っておけばよかったなぁ）。

そして僕は、無事大学を卒業しました。

〝社畜寸前〟の新入社員時代

2010年4月。都内の広告代理店に入社しました。最初に配属されたのは、全国の新聞社を担当する社内でも一番忙しいといわれる部署。新聞広告のセールスや地方のイベントのプロデュースが主な業務です。そこで待っていたのは想像以上に激務の、いわば〝社畜寸前〟の毎日でした。どの先輩よりも早く出社し、朝から晩まで息つく暇もなく働く毎日。全国47都道府県の新聞社の方々が相手のため、日中は電話が鳴り止まず、電話応対に追われて一日が終わってしまうこともしばしば。

そのうえ、次から次へと新しい仕事が降ってくるので、もちろん仕事はまったく終わりません。そのため、終電まで残業するのは当たり前。それでも終わらず、休日もこっそり出勤する日も多々ありました。

ただでさえ業務が多忙を極める中で、〝お付き合い〟の飲み会も頻繁に開催されます。平日5日間、毎日飲み会がある週も結構ありました。仕事が終わらないまま夜の街に繰り出し、2次会、3次会……深夜12時を過ぎても終わる気配を見せない〝お付き合い〟。カラオケに行けば一番に曲を入れて盛り上げ、ネタを仕込んでいっては毎回披露していました。

結局、〝お付き合い〟の日はいつもタクシー帰りでした。その翌日は終わっていない仕事を終わらせるために、気合いで早起きをして、早朝から出社しました。

平日はそんな激務の毎日だったので、週末が待ち遠しくて仕方がありませんでした。

金曜日は深夜12時まで働き、そこから夜の街に繰り出して、友人たちと朝まで飲みました。そして、土曜日は夕方くらいまで寝て、また夜は飲み会へ。というか合コンへ。

僕の生活で唯一のリフレッシュが週末の合コンでした。とにかく楽しく飲みたかったので、数々のゲームを考案し、カラオケでもネタの新作を披露していました。合コンでウケの良かったネタは、会社の〝お付き合い〟のときにも披露しました。一石二鳥です。

そしてまた朝まで飲んで、早朝就寝。結局、日曜日も夕方くらいに目覚め、たまった洗濯や掃除をするだけで、気がついたらあっという間に夜に。僕と同じように〝サザエさん症候群〟になっている同じアパートに住む会社の同期たちと近所の銭湯で傷を舐め合い翌週に備える。それが僕のルーティン。

そして、月曜日はまた会社へ。その繰り返しでした。

もちろん激務の日々の中で、有休を取って休むだなんて考えたことは1ミリもありませんでした（注：今では「働き方改革」によって、このような働き方をする必要がまったくなくなったことを、念のため補足いたします）。

気がついたら〝社畜寸前〟を謳歌していた

そんな生活でしたが、僕は何一つ疑問を持つことはありませんでした。

「サラリーマンとはそういうもの」

会社から自分の能力以上のお給料をもらっているからこそ、平日は「会社のため」にすべてを捧げ、休日も「会社のため」に英気を養うのは当然だと思っていました。

就活のときにサラリーマン以外の選択肢があったわけではないので、サラリーマン以外の道は考えられなかったし（転職や独立、起業なんて考えたことすらありません）、今の仕事はつらいこともたくさんありますが、楽しいことだってあって、できないことがだんだんできるようにもなってきて、一人前になっていく感覚も味わっていました。

さらには、今まで知らなかった世界もたくさん見せてもらえているし、今まで出会えなかったような人にもたくさん出会わせてもらっている。だからこそ、ちょっとくらいの理不尽は我慢してナンボ。

先輩から何か言われたら「はい」か「ＹＥＳ」しか言いませんでしたし、そうすることで自分が必要とされる人間になれるものだと信じていました。

社会人1、2年目の頃の僕は、激務の生活に疑問を持つどころか、むしろ謳歌していました。そんな生活を乗り越えられている自分に酔っているところもあったのだと思います。

そしていつか先輩みたいにすごい仕事を成し遂げて、プライベートでは誰かと結婚して、マンションを買って、子どもが生まれて……何の疑問も持たずこの会社で定年まで勤め続けるものだと思っていました（注：今も当時と同じ会社で働いています）。

そんな〝社畜寸前〟を謳歌する毎日の中、突然、僕にとって大きな転機が訪れました。このときの体験が、のちの僕のサラリーマン生活を大きく変えることになります。

それは社会人3年目になってすぐの出来事でした。

第2章

僕が旅を始めるきっかけの旅

2012年5月

ロサンゼルス

絶望から始まった初めての一人海外旅行

「一人で海外なんて来るんじゃなかった……」

2012年5月3日。僕の初めての一人海外旅行は、ロサンゼルス国際空港での絶望からスタートしました。

その前月、僕は幸運にもアメリカのプロバスケットボールリーグ・NBAのチケットを入手しました。バスケに明け暮れた中学・高校時代。それ以来ずっと憧れだったNBA、しかもプレーオフという死ぬまでに一度は見てみたかった夢のチケットを手に入れたのです。たまたまインターネットで検索していたら、ゴールデンウィークに大好きなロサンゼルスのチーム、クリッパーズの試合があることがわかり、思わずチケットを購入したのでした。

しかし、当時の僕はまだまだ下っ端の社会人3年目。ゴールデンウィークとはいえ、先輩たちが休まない中、休みが取れる状況ではありません。

だからといって、もう夢への切符は入手しているのに、こんなチャンスをみすみす見逃すわけにはいきません。勇気を振り絞って、上司に話しました。

「小さい頃からどうしても見たかったＮＢＡのチケットを偶然にもゲットできたんです。だから今回だけ特別に1日だけお休みをください！」

それまでの社会人生活で一番緊張するプレゼンテーションでした。

上司からの回答は……。

「そこまで言うなら行ってこい！」

ついに念願のＮＢＡのプレーオフを見ることができる！

しかし、上司に休暇を伝えることをためらっていたせいで、気がつけば試合まであと1週間。もう一枚チケットがあったので、急いで一緒に行く友達を探しました。

当時の僕は、英語が何よりも苦手で、９９０点満点の英語テストＴＯＥＩＣは４４０点。外国人と話したことすらありませんでした。そんな僕だったので、一緒に行く英語が話せる友達を見つけることは喫緊《きっきん》の課題でした。

「来週ロサンゼルス行かない？」

片っ端から友達に連絡しまくりました。しかし、彼らも僕と同様にほとんどが社畜寸前。そんな突然の誘いに対応できるわけがありません。

結局、一緒に行ってくれる友達は見つかりませんでした。

こうして、なんとか休みをもらって行く初めての海外旅行は、僕の準備不足によって、もう一枚のチケットが無駄になり、一人で行く羽目になったところからスタートしたのです。


今さら失った時間は返ってきません。仕事の合間に急いで航空券を購入。時間もなかったので、「まあ、なんとかなるだろう」と考え、現地でホテルを探すことにしました。

「だったらとことん旅人気分を味わおう」と思い、ホテルだけでなくモバイルWi－Fiも手配せず、NBAのチケットと往復の航空券だけ用意して、ロサンゼルスへ向かうことを決めました。

この判断によって、のちに人生最大のピンチを迎えることを、このときの僕は知る由もありませんでした。

出発当日。成田空港で不安と緊張で押しつぶされそうになったこのときの気持ちは今でも忘れません。

今ではスムーズにできるようになった出国も、当時の僕は、チェックインから出国審査まで何もかもが不安だらけ。すべての出国準備を終えて飛行機に乗ったときにはもうすでに1日分の仕事を終えた気持ちでした。

そのせいか、行きの飛行機は死んだかのように眠り続けました（激務の毎日でただただ疲れていただけだったのかもしれませんが）。

目が覚めたときには、もうあと1時間でロサンゼルスという状況。あっという間に僕を乗せた飛行機はロサンゼルスに到着しました。

空港に降り立ってまず感じたのは、外国人の多さ。アメリカに来たのだから当たり前のことなのですが、ここ2年間はずっとサラリーマン一筋で家と会社の往復の毎日だったので、目の前を行き交う外国人たちを見ただけでもドキドキが止まりませんでした。

ロサンゼルスに着いて最初にやらなければならないこと、それはホテル探し。旅人気分を最大限味わうために、往復の航空券とＮＢＡのチケット以外はとくに準備していなかった僕は、バックパックから『地球の歩き方』を取り出します。周りの人の目に注意しながら、空港の到着フロアの片隅でバックパックの中を探りました。しかし荷物を出しても出しても、出てくるのは着替えばかり。

そこで、まさかの事態に気がついたのです。

（『地球の歩き方』がない！）

あろうことか、僕は唯一の情報源・旅のバイブル『地球の歩き方』を、日本に忘れてきてしまったのでした。激務に追われて、初めての一人海外旅行なのに荷造りできたのは前日の夜。急いで準備したため、肝心なものをうっかり入れ忘れてしまったのです。

さらにここに来て、Wi－Fiを持ってこなかったことが完全に仇《あだ》となりました。今では世界中の空港で無料Wi－Fiが使えますが、僕が旅行した２０１２年は無料Wi－Fiがまだ普及していない頃。スマートフォンでホテルを調べることすらできませんでした。

『地球の歩き方』もなく、Wi－Fiもつながらない。そしてもちろん、もう家には戻れません。

僕は遠い異国の地で一人、途方に暮れてしまいました。

生まれて初めての英会話

僕に残された道は、自力でホテルを探すこと。初めての一人海外旅行、初めてのロサンゼルスで、野宿する勇気などあるわけがありません。

そこでまず、空港の売店でロサンゼルスの地図を購入しました。けれど、英語で書かれた地図を読むことすら、僕には簡単なことではありません。また激務だったがゆえの事前のリサーチ不足のせいで、地図を見たところで知っている地名もほとんどありません。

とりあえず「人がたくさんいそう」という理由で、日本人にも馴染みのある「Hollywood（ハリウッド）」を目指すことにしました。

空港のバス停を何度も行ったり来たりして、なんとかハリウッド行きのシャトルバスを見つけて乗車。１時間ほどでハリウッドに到着しました。

地図を握り締めて降り立った街は人で溢れ返っています。しかし、街の中心地には見渡す限りホテルのような建物は見当たりません。

ハリウッドに着いたのは14時過ぎでしたが、このままではロサンゼルスで野宿確定です。ちょうど出国直前に読んだインターネットの記事に「ロスは地下鉄で人が死んでいても誰も気づかない」と書いてあったのを思い出し、野宿など自殺行為だと戦々恐々。生きて明日を迎えるためには必ずや明るいうちにホテルを見つけなくてはなりません。

とはいえ、目視だけではどうにもならなかったので、旅の序盤にして最終奥義である「勇気を振り絞って、英語を使って道行く人に質問する」を生まれて初めて発動することにしました。

まずは話しかけやすそうなアメリカ人のおばさんに聞いてみることにしました。

"I……"

勇気を振り絞って"Excuse me."と話しかけたものの、そのあとに続く肝心の英語はなかなか出てきませんでした。"I'm sorry."と言って試合終了。

このままホテルが見つからないと、僕は野宿をしないといけません。すべては生きて明日を迎えるため。その一心で、一度伝えたい言葉を整理して、片っ端から街の人に話しかけまくりました。

"I want to go to hotel."

無我夢中でした。数える余裕なんてもちろんありませんでしたが、10人近くに話しかけたかもしれません。

その中の何人かが知っているホテルを教えてくれて、なんとかユースホステルにたどり着くことができました。

幸運にもそのユースホステルはハリウッドの中心であるチャイニーズ・シアターの向かいと非常に好立地。

中に入ってフロントへ。ホテル探しと同じ要領で、"I want to stay here."と知っている英単語だけで交渉し続けた結果、空室が見つかり、ロサンゼルス滞在中の宿を確保できたのです。

フロントのお姉さんが鍵を持ってきて泊まれることが確定したときのあの安堵感は、今でも忘れられません。

夢のNBAプレーオフ観戦

“I want to go to NBA.”

翌日もそんな感じで話しかけ続けたら、この旅の目的であるNBAの試合会場にも簡単にたどり着きました。

試合会場であるステイプルズ・センターは、ハリウッドから少し離れたダウンタウンにあります。迷子になった場合も想定して早めにホテルを出発したのですが、スムーズに移動ができすぎて、試合開始3時間前に会場に着いてしまいました。

しかしながら、そこはアメリカ。日本と違って、試合開始前からアリーナの周りにはたくさんの屋台が出ていて、フリースローチャレンジやラジオの公開収録などのイベントも開催されています。試合開始3時間前にもかかわらず多くの人で賑わっていました。

僕も高校以来久しぶりにフリースローにチャレンジしてみました。大学時代のアメフトで鍛えた筋肉を活かしすぎてボールが飛びすぎてしまい、チャレンジは失敗に終わりました。

僕の気持ちもいい感じに高まってきたところでいよいよ開場です。

プレーオフということもあり、来場者全員にホームチームであるロサンゼルス・クリッパーズのチームカラーの赤色のTシャツが無料で配布されていて、アリーナに入るとそこは赤一色。異様な光景でしたが、同時に、ここまで見る人を熱くさせるスポーツの力に感動しました。

試合が始まってから、その人々の熱気がさらに増したのはいうまでもありません。照明や音響までもがホームチームを応援する会場の異様な光景。尋常ではない熱気に最初は圧倒されていましたが、徐々にその雰囲気にも慣れてきて、気がついたら僕もファンの一員となって一緒に応援していました。

その試合は見事ホームチームであるクリッパーズが勝利を収め、勝利が決まった瞬間、生まれて初めて聞くような大歓声に会場は包まれました。

初めての一人海外旅行で得た大きな収穫

調子に乗った僕は、試合を見終わったあとも、知っている英単語だけを駆使して人に話しかけ続けました。
"I want to go to beach."
"I want to go to restaurant."
"I want to eat hamburger."
するとどうでしょう。道順を教えてくれたり、バスの乗り方を教えてくれたり、目的地まで連れていってくれたり……。行きたいところはすべて誰かが教えてくれて、なんとも簡単に行けてしまったのです。
このレベルの英単語だけでも会話が通じることに味を占めた僕は、その要領で地図を片手に街を歩き回りました。その結果、僕の想像をはるかに超える水準で旅を楽しむことができたのです。

「海外旅行って、英語が話せなくても簡単にできるんだ」

ロサンゼルスに来るまでは「英語は文法通り話さないといけない」と自分の中で勝手に決めつけ、かつ、間違った英語を話すことは恥ずかしいことだと思っていたため、英語を話すことから逃げ続けてきました。

しかし、英語を実際に使わないといけない状況に追い込まれて使ってみたところ、自分が知っている英単語だけでも十分伝えることができ、自分がやりたいことはすべて実現することができてしまったのです。

初めての一人海外旅行の収穫はそれだけではありません。

今回は3泊5日（2012年5月3日〜7日）でアメリカに行きましたが、それまではアメリカに行くには最低でも1週間はないと楽しめないし、航空券の代金の元が取れないと思っていました。

ところが、たったの3泊5日でも、NBAを見ることができ、ビーチに行って日焼けをし、観光地は一通り回り、名物も一通り食べ、あてもなく街を歩いて現地の人と仲良くなれました。

さらに、うれしいハプニングまで起きました。大学のアメフトの練習まで見ることができてしまったのです。僕が現地の人に"I play American Football."と話したら、そのままアメフトトークで盛り上がって親しくなり、彼らにスタジアムまで連れていってもらえたのでした。

それはもう、たったの3泊5日なのに十分すぎるくらいの充実した内容で、海外旅行の時間の価値観を180度変えるほどインパクトがある体験でした。「短い休みでも海外旅行は十分楽しめる」ということにも僕は気がついてしまいました。

絶望から始まった初めての一人海外旅行でしたが、予想以上に楽しむことができ、さらには想定外の収穫まで得て、僕は帰国の途についたのでした。

ダウンタウンのアリーナでNBAのプレーオフ観戦。

旅が働き方を変え、人生を変えた

英語が話せなくても簡単に行ける！　短い休みでも十分に楽しめる！　そして、合コンよりも圧倒的に楽しい！

「行かないのはもったいない！」

日本で過ごす週末の数億倍楽しいことが世界にはあって、英語が話せなくても、有休をたくさん取らなくても味わえてしまう。

僕にはもう海外旅行に行かない理由が見当たりませんでした。

それ以来、僕は毎週末の合コンはもちろん、シメのラーメンや深夜のタクシーなどありとあらゆる無駄遣いをやめ、隙あらば海外旅行に行くようになりました。

ガンジス川で沐浴がしたくてインドへ、野生のジュゴンに会いたくてフィリピンへ、世界遺産のアンコール・ワットが見たくてカンボジアへ、天空のプールで泳ぎたくてシンガポールへ、ルート66をドライブしたくてアメリカへ、ボブ・マーリーに憧れてジャマイカへ……。

初めての一人海外旅行の翌年、２０１３年（社会人4年目）は1月の韓国旅行を皮切りに、激務のかたわら、週末や連休を最大限利用して1年間で8回海外旅行に行き、7か国14都市を訪問。行き先も近場のアジアだけでなく、インドやアメリカ東海岸、そしてカリブ海へとどんどん広がっていきました。

ガンジス川で現地の子どもたちと沐浴。

残業が減り、仕事の評価が上がる

隙あらば海外旅行に行く生活を始めると、おのずと働き方も変わってきました。それまではなんとなく毎日残業する生活でしたが、旅がある週は、金曜日の夜のフライトまでに必ず仕事を終わらせて空港へ行かなくてはなりません。そのため、月曜日から金曜日を意識して働くようになり、前もってスケジューリングしながら、効率よく仕事を行うようになりました。

これを繰り返していると、旅に行かない週も意識せずともその働き方ができるようになりました。

さらに、僕はとんでもないことに気がついてしまいます。そうやって働き方が少しずつ変わり始めると、残業時間も年々減少していきました。それなのに、驚くことに仕事の評価は年々上がっていったのです。

短い休みで行く海外旅行だからこそ、旅先では常に本気で楽しんでいました。そして、日本ではできないような経験をたくさんしました。それを仕事に結びつけようと考えたことは一度もありませんでしたが、気がついたら旅先でいろいろなものを見た経験が仕事のアイディアにつながったり、旅を話題にすることで職場や取引先との人間関係がうまくいったりと、旅のおかげで仕事の成果まで上がったのです。

旅は僕の休み方を変えただけでなく、働き方を変え、そして人生までも変えたのです。

旅ほど熱くなれることが見つからない

隙あらば海外旅行に行く生活を始めて4年目の2015年。旅先では必ず面白い写真を撮ってはSNSでシェアしていました。すると、職場でもだんだんと〝海外旅行好きキャラ〟が定着し始め、旅に出やすい環境は整いつつありました（まだまだ、有休はたまにしか取れませんでしたが）。

一方、仕事のほうはというと、激務の広告代理店で気がつけば入社6年目。どんどん後輩も入ってきて、任される仕事の規模や範囲が大きくなっていきました。今までにない規模の仕事に取り組ませてもらうことで、一定の満足感を得ることはできました。

しかし、そんな生活の中で、こんなことにも気がついてしまいました。

それは、仕事の「規模」や「範囲」が変わるだけでは熱くなれない自分の気持ち。

会社に入りたての頃はすべてが新しく、すべてがまぶしかったからこそ、目の前の厳しい仕事にも目を輝かせながら取り組むことができました。しかし、それに慣れてくると時々、死んだ魚のような目をしている自分がいることにも気がついてしまったのです。

「旅ほど熱くなれることが会社の中では見つからない」

旅はあんなにも簡単に熱くなれるのに、それと同じくらいやりたいことが会社の中ではなかなか見つかりませんでした。

さらには、周りの先輩や同期はやりたいことを会社の中で見つけて、成果を上げて成功していきます。その姿を見て、焦り、悩みました。

「僕はこのままじゃいけない」

2015年の僕は、ずっとこんなことを考えてモヤモヤしている悩めるサラリーマンでした。働く意味を見つけられず、やりがいを見出せずにいました。

そんなモヤモヤしてばかりの僕に、ある日転機が訪れます。

僕が変わるきっかけを与えてくれたのは、またしても「旅」でした。

第3章

僕が旅に行く理由に気づいた旅

2015年5月

キューバ

今しか見られない景色を見たくて

「行くなら今しかない！」

２０１５年５月４日。その一心で、僕はキューバに降り立ちました。

その２か月後の７月にキューバは54年ぶりのアメリカとの国交回復を控えていました。それまで半世紀以上もの間、アメリカと断交して、いわば鎖国状態にあったキューバ。アジア以外で唯一の社会主義国で、国民の平均年収は２万４００0円ともいわれています。さらに、いまだに配給制度が残り、医療費も学費も無料。国民と外国人では別のレートの通貨を使用する二重通貨制度が敷かれています（注：２０２１年１月に廃止）。

そんなキューバとの初めての出合いは２０１３年７月。『another sky（アナザースカイ）』（日本テレビ系列）というテレビ番組で、映画監督の紀里谷和明さんがキューバを訪れる回を見たときです。

古き良き時代が今も残る、時間が止まったままのような雰囲気の街並みをバックに、自由に、そしてワイルドに旅する紀里谷さん。片言のスペイン語で自ら地元の人たちに話しかけては仲良くなり、最後は家にまで入っていってしまう紀里谷さんの姿がずっと脳裏に強烈に焼きついていました。

それに加えて、そんな自由奔放な紀里谷さんに優しく接して、すぐに仲良くなってしまうキューバの人たちのことも忘れられませんでした。かなり貧しいはずなのに、常に思いやりに溢れているキューバの人たち。

それ以来、キューバはいつか行ってみたい国の一つになりました。

といっても、カリブ海に浮かぶ島国・キューバへ行こうとすれば、日本からだとカナダやメキシコを経由しておよそ20時間かかります。サラリーマンの僕が気軽に行ける場所ではありません。だからこそ、後回しになっていました。

しかし、アメリカとの国交回復のニュースを知り、「もしかしたらあの風景が変わってしまうかもしれない」と思い、その気持ちが「行くなら今しかない！」と僕の重い腰を動かしたのでした。

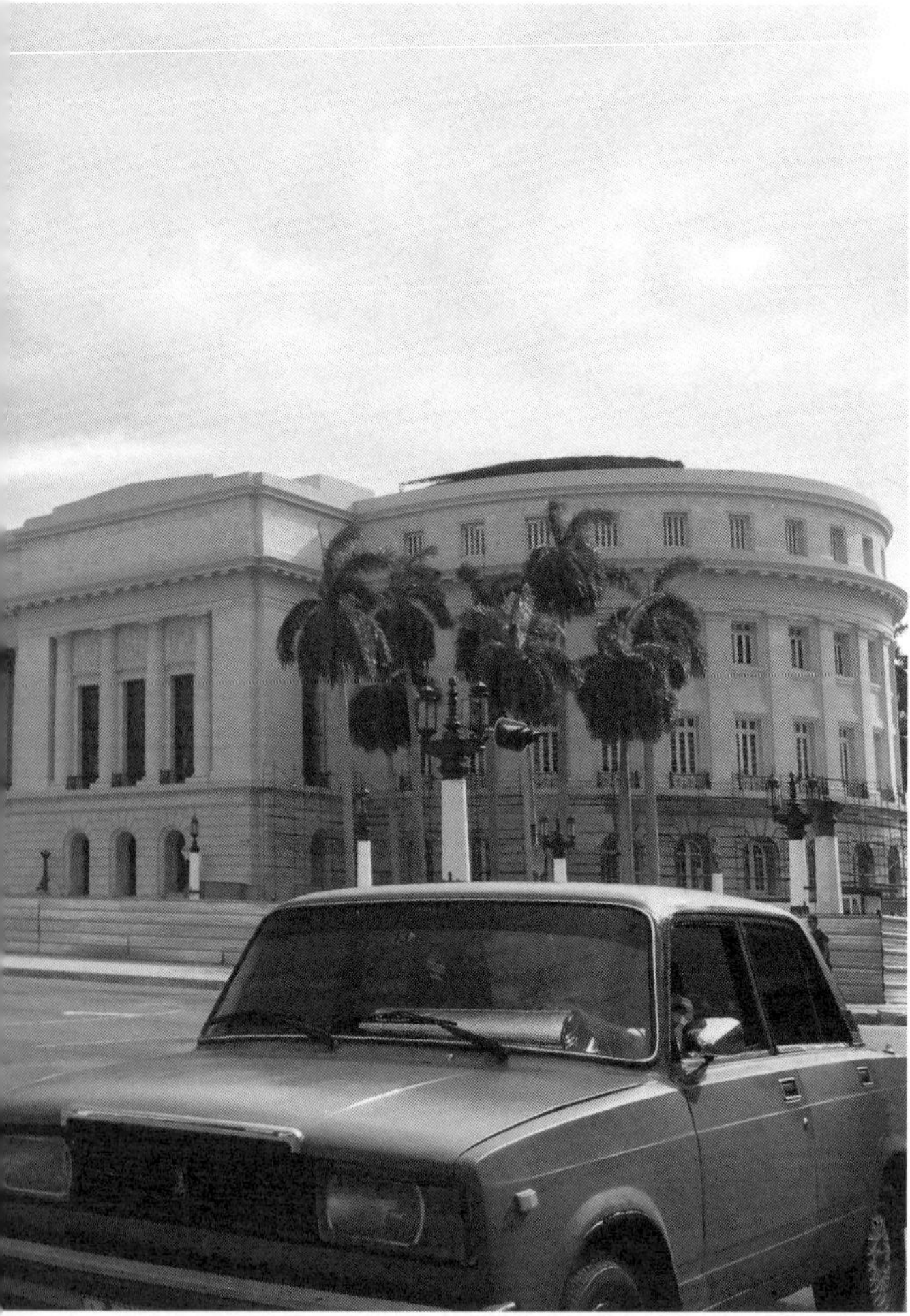

ハバナの旧市街。世界遺産の街並みをレトロなアメ車が走る。

すでに観光地化していたキューバ中心部

僕は満を持してキューバの首都ハバナに到着しました。

ホセ・マルティ国際空港を抜けるとまず目に入ってくるのが、タクシー乗り場に並んでいるカラフルでレトロなアメ車。アメリカと国交があった1950年代〜60年代に輸入したアメリカ製の自動車を、キューバの人たちは今も修理しながら大切に乗っています。キューバでは、そんなカラフルでレトロなアメ車を街中で見ることができます。

キューバ初日は、まず空港からホテルへ向かい、荷物を置いてから街を散策することにしました。

街の中心地を歩いていると、かつてスペインに統治されていた時代に建てられたバロック調の建築が今も美しいまま保存されているのをよく目にします。それもそのはず。ここハバナの旧市街（オールド・ハバナ）は、ユネスコの世界文化遺産に登録されており、古き良き時代を感じさせる美しい景観が今もずっと保たれているのです。

その世界遺産の建物を背景に、カリブ海を感じさせるラテンミュージックが街中で流れ、陽気な人々の笑い声が至るところから聞こえてきます。キューバ人だけでなく、多くの外国人観光客も見かけました。

ところが、そんな素敵な街の雰囲気のオールド・ハバナの中心部で、がっかりする声を聞いてしまいました。それは、キューバ人と外国人の間で飛び交う言語。それは、公用語であるスペイン語ではなく英語。そのうえ、どの言葉も商売にまつわるような言葉……。

実は、オールド・ハバナはすっかり観光地化してしまっており、そこにいるキューバ人のほとんどが外国人向けに観光ビジネスを行っていたのです。そのため、ぼったくりや高額なチップの請求など、いわゆる観光地ならどこでも起こるようなことが普通に起こっていて、そこは僕が想像していた「古き良き時代の雰囲気が残る街」ではありませんでした。

ホテルに戻った僕は、翌日からのプランの全面的な見直しを迫られました。なぜなら、翌日以降も世界遺産エリアを中心に歩く予定だったからです。

このまま今日と同様に、観光ビジネスが盛んな世界遺産エリアを歩いたら、きっと同じことが起こるでしょう。

最悪の場合、あんなにも憧れていたキューバのことを嫌いになって帰ることにもなりかねません。

それだけはどうしても避けたい！

そんなときに思い出したのが、紀里谷和明の『another sky』でした。

「そうだ、現地の人が暮らす地域に行ってみよう」

こうして僕はテレビ番組で見た、自由奔放な紀里谷さんの旅のスタイル（以下、敬意を込めて〝紀里谷スタイル〟と呼ぶことにします）で、憧れの地を旅することにしてみたのです。

ハバナで街にいた女性から葉巻をもらう。

〝紀里谷スタイル〟発動！

キューバ2日目。僕は街の中心地を離れ、世界遺産エリアから徒歩15分くらいのところにある、地元の人が暮らすエリアを旅することにしました。

観光地ではないこのエリアを訪れた僕を待ち構えていたのは、〝アウェーの洗礼〟でした。

「オラ！」

「アミーゴ！　グラシャス！」

「バモス！」

昨日の世界遺産エリアと打って変わって、そこで飛び交っているのは公用語のスペイン語。英語で話しかけてもみんな首を傾げます。

今までの生活で聞いたことすらないスペイン語を理解するのは無理だと3秒で悟った僕は、ボディランゲージに切り替え、とにかく道行く人に話しかけてみました。すると、僕の身に次々と〝奇跡〟が起こったのです。

最初の奇跡は、キューバ人のお母さんとの出会い。

前方から両手にスーパーマーケットの袋を抱えながら、2人の子どもを引き連れて歩いてくるパワフルなお母さんを見かけました。

頑張っているお母さんを、そう簡単に見過ごすことはできません。ここで僕は早速、〝紀里谷スタイル〟を発動。言葉が通じなくても颯爽《さっそう》とボディランゲージで話しかけ、荷物を持つのを手伝ってあげました。家が近所だったこともあり、荷物を運んであげることにしたのです。

家に到着し、荷物を置いて帰ろうとすると、お母さんから奇跡的な申し出が。
「お礼にうちでご飯食べていかない？」（スペイン語のため、予想）
せっかくなのでお言葉に甘えて食事をすることに。
お母さんが手際よく準備してくれた食事は、黄色いご飯の上に肉と野菜を炒めたものがのっているだけのシンプルなもので、料理の名前すらわかりませんでしたが、味もさることながら、お母さんの優しさが詰まっていて、この旅で一番美味しい食事でした。

もちろん、食事後にチップなどを請求されることはありません。旅する場所を少し変えただけで、昨日とは打って変わって想像していたよりもはるかにすごいキューバ人の優しさに触れることができました。


奇跡はこれだけでは終わりませんでした。

もっとキューバ人のリアルな暮らしを見てみたいと思った僕は、さらに中心部を離れて、住宅街の奥のほうへ足を踏み入れました。

30分くらい歩いたでしょうか。街には、外観にまったく飾り気のない民家が軒を連ね、道路には多くのキューバ人たちがたむろしていました。

極太の葉巻をワイルドにふかす人、昼間から路上で談笑しながらキューバのラム酒「ハバナ・クラブ」を飲む人、家の外にテーブルを出してボードゲーム「ドミノ」に打ち興じる人、公園でバスケットボールをする人……。

大人たちだけでなく、子どもたちにとっても街中すべてが遊び場。たくさんの子どもたちが所狭しと駆け回っていました。

さらに歩くと、まだ昼間だというのに爆音でレゲエミュージックを流している一軒の民家を見つけました。

僕は、異様なくらいの大音量の音楽が流れてくるその家に吸い寄せられるように、気がつくと窓から中を覗き込んでいました（注：日本で他人の家を覗いたことはありません。念のため）。

中には地元のお姉さんが２人。昼間からお酒を飲み、爆音で流れる音楽に酔いしれ、腰をくねらせながら踊り狂っていました。ものすごく楽しそうです。

しばらくの間、その光景に見とれていたら（注：覗いていたわけではありません。念のため）、僕はこんなことを思ってしまいました。

（ま、混ざりたい……！）

しかし、さすがに覚えたての〝紀里谷スタイル〟の僕には、ノックをして家の中に入るまでの勇気はまだありませんでした。

窓から中を覗きながら迷っていた、ちょうどそのときです。中のお姉さんの一人が僕に気づいてしまい、目が合ってしまいました。

「怒られる」と直感で思った僕は、後ずさりしながらその場を離れようとしました。

すると次の瞬間、そのお姉さんが僕の目の前までダッシュで走ってきました。

そして、窓を開けて衝撃の一言を投げかけてきました。

「カモーン！」

なんという奇跡でしょう。思っていたら願いが通じてしまったのです。

招き入れられた家の中にはお酒と音楽しかありませんでしたが、お姉さんたちはノリと踊りで最高のおもてなしをしてくれ、僕もノリと踊りで最高のお返しをしました。

まだ太陽が燦々《さんさん》と輝く真っ昼間でしたが、宴はそれから1時間ほど続きました。

今まで見た中で一番の絶景

キューバ人の桁外れの温かさ、そして規格外の優しさに触れ、気がつけばそんな街、そんな地元の人たちのことが大好きになっていました。

次から次へと話しかけたり、話しかけられたり……。人々と交流しながら街を歩いていると、あっという間に夕日が沈み、夜が来ました。

ハバナの地元の人が住むエリアで仲良くなった少女たち。

街には、夜になっても相変わらず家の外に出てお酒を飲んだり、雑談したりしている人たちがたくさんいます。しかし、街灯の数には限りがあるため、昼間と打って変わって街は一気に暗くなります。

街がそんな様子だったので、僕は周りを注意深く観察しながら来た道を戻り、帰路につきました。

しかし、〝灯台下暗し〟でした。

「バシャーン！」

街の周りの雰囲気を過剰なくらい観察して歩いていたせいで、足元にある水溜まりの存在にまったく気づかなかった僕は、バラエティ番組のドッキリのように見事に水溜まりにハマってしまいました。しかも、僕が落ちた水溜まりはだいぶ年季の入った水溜まりだったらしく、それはもうかなり汚い水溜まりでした。

その結果、僕のお気に入りの真っ白のスニーカーは、一瞬にして真っ黒のスニーカーに……。

「オーマイガー！」

かなりの水を吸ってしまい、靴の中までぐちゃぐちゃ。歩く気も一気に失せました。ここからホテルまではまだかなりの距離があるというのに……。

ところが、キューバの女神は僕のことを最後まで見捨てませんでした。女神はおばちゃんでしたが。

「どうしたの？」（スペイン語のため、予想）

僕の「オーマイガー！」を聞きつけて、近所のおばちゃんが家を飛び出して様子を見にきてくれたのです。

「靴があああ！」（靴を指差しながら、顔芸も交えつつ、日本語で）

必死でそう伝えると、なんとなく状況を察してくれたおばちゃんは、

「ちょっと待ってて！」（スペイン語のため、予想）

と言い残し、走って家へ戻っていきました。

そして、息つく間もなく戻ってきました。なんと、洗剤とタワシを持って。それを僕に渡すとまた走って家に戻っていき、今度は大きなタライに水を汲んで持ってきて、僕の靴を洗い始めたのです。

キューバのおばちゃんは、正真正銘、女神と化しました。

おばちゃんパワーであっという間に僕の靴は元の状態に戻りました。しかしながら、綺麗になったものの靴はびしょびしょ。それを見かねたおばちゃんから、まさかの提案が。

「靴が乾くまでうちでお茶しよう」（スペイン語のため、予想）

なんとダメ押しの奇跡まで起こりました。

僕の目の前には信じられない光景が広がっています。日本から20時間かけてたどり着いた言葉も通じない島国で、見ず知らずのおばちゃんが、しかも困り果てていた僕の顔を一目見ただけで、僕の名前すら聞くことなく、僕の泥だらけの靴を洗ってくれているのです。

それはもう、今まで見てきた世界の景色の中で一番美しい「絶景」でした。

TRANSIT 2

僕が〝わざわざ〟海外旅行に行く理由

感動のキューバの旅を終え、一皮むけて日本に戻った僕でしたが、帰ってきても引き続きやりたいことが見つからないモヤモヤしたサラリーマンでした。

そんなモヤモヤした状態のまま迎えた２０１５年冬。考えても考えても、やりたいことが見つからなかった僕は、「もしかしたら会社の中にはやりたいことがないのかもしれない」と思い始めていました。

それまでは「サラリーマンは会社からお給料をもらっている以上、やりたいことは必ず会社の中で見つけないといけない」と信じて疑いませんでしたが、僕はここで一つの大きな決断をします。

「一度立ち止まって、自分が本当にやりたいことは何なのか、会社という〝枠〟にとらわれず考えてみることにしよう」

初心に立ち返って、「好きなこと」について考えてみることにしました。

僕の好きなこと。それは断然、海外旅行。激務の中、ここまでわざわざ行っている海外旅行は自他ともに認める僕の好きなことです。

そう思った瞬間、一つの疑問が生まれました。

「そういえば、なんで僕は忙しい生活の中、ここまで〝わざわざ〟海外旅行に行ってるんだっけ？」

たしかに、こんなにも海外旅行に行っているのに「楽しいから」くらいにしか思っていなくて、その理由を考えたことは一度もありませんでした。

そこで僕は、ここまでわざわざ海外旅行に行く理由について、本気出して考えてみることにしました。

その解決の糸口は、キューバの旅の中にありました。

美しすぎる奇跡の連続だった、半年前のキューバの旅。あの旅で一番印象的だったキューバの人たちとの出会いは、僕の脳裏から離れず、半年経ってもなおあの人たちにまた会いたいと思っていました。

「必ずまたキューバに戻りたい」

しかし、よくよく考えてみると、こんな気持ちになったのはキューバが初めてでした。それゆえ、この旅にこそ僕がわざわざ海外旅行に行く理由があるのではないかと思い、この旅について必死で考え抜きました。
　そして僕は、やっと理由がわかりました。

「さまざまな生き方」を見たくて世界を旅する

キューバの青年たちと公園で戯れる。

　今までの旅を思い返すと、僕の海外旅行は毎回行く国、行く都市が変わりますが、必ず行くところがありました。それは、現地の人が行くレストラン、現地の人が行く市場、現地の人が行くクラブ……。毎回、現地の人に世界共通言語であるボディランゲージで話しかけては、オススメを聞き出し、ガイドブックにも載っていないような場所を探して街中を旅していました。その場所に着くと、現地の人の暮らしや生き方に少しでも触れたいと思い、ボディランゲージでコミュニケーションをとって、まだまだ知らない世界と接点を持ちました。

キューバの体験、そしてこれまでの旅の共通点を振り返っているうちに、ついに僕がここまでわざわざ海外旅行に行く理由に気がつくことができたのです。

それは、日本で知ることのなかった「さまざまな生き方」を見に行くためだったのだと。

僕が海外旅行で印象に残っている場所や場面はすべて、僕が知らない生き方を教えてくれたところでした。僕はそれが見たくて、ここまでわざわざ海外旅行に行っていたのだと気がついたのです。

小さい頃から「サラリーマン」という生き方の選択肢しか知らず、何の疑問も持たずにサラリーマンになり、社畜寸前の生活をも謳歌できてしまった僕。海外旅行に行って初めて「世界にはさまざまな生き方があるんだ」と気づいた僕。そんな僕は、ただただ、「まだまだ知らない生き方」が知りたくて、わざわざ海外旅行に行っていたのです。

僕は、多くの人が旅に求める世界遺産や絶景といった「美しい景色」にはあまり興味がなく、その代わりに学校や社会では教えてもらえなかったさまざまな生き方を見に行くことに猛烈に喜びを感じるのです。

「もっといろんな生き方が知りたい」

そして1年間悩み続けた結果、ようやく僕は本気でやりたいことを見つけたのです。

リーマントラベラー誕生！

「もっとみんなにも世界のさまざまな生き方を知ってほしい」。2016年1月1日。僕はブログを始め、会社を辞めずにそれを発信していくことにしました。ブログのタイトルは『リーマントラベラー～働きながら世界一周～』です。「リーマントラベラー」という言葉が誕生した瞬間でもありました。

今までの体験を振り返りながら記事を書いていると、ついに禁断症状が出てしまいました。

「世界にはまだまだ知らない生き方がきっとあるはず。だからもっといろんな生き方を見てみたい。そのために、ずっと憧れだった世界一周をしたい！」

旅人の憧れ、「世界一周」。とうとうそんなことまでしたいと思うようになってしまったのです。

世界一周をするためにはまとまった休みが必要です。しかし、僕はサラリーマン。会社を辞めない限り、まとまった休みは取れません。世界一周をしたいとは思っているものの、会社を辞める勇気は毛頭ありません。

だけどもう止められない、「もっと知らない世界を見て回りたい」という気持ち。日に日に気持ちは高まるばかりです。

一方で、会社を辞める勇気はいつまで経っても出てきません。頭の中を天使と悪魔がずっと行き来し続け、僕は葛藤しました。

そんな葛藤を抱きながら、次に訪れた旅行先。そこでまた、信じられないような奇跡が起こったのです。それも「週末だけ」で。

第4章

週末だけでも奇跡が起きた旅

2016年9月

香港

佐々木希ちゃんになりたくて

2016年8月31日。僕は帰り道に寄ったコンビニエンスストアで恋に落ちました。

ふと目をやった雑誌コーナーで、ある女性と目が合ったのです。

「佐々木希ちゃんが僕のほうを見ている……」

ちょうどその日に発売された雑誌『anan（アンアン）』。その週の表紙を飾ったのが女優の佐々木希さんで、コンビニのマガジンラックから僕のほうを見つめています。

僕は思わず雑誌を手に取ってしまいました。その週の特集は、魅惑の香港。僕を見つめる希ちゃんも撮影で香港を巡ったようです。

「希ちゃんのことをもっと知りたい」

そう思った僕は、迷わず香港行きの航空券を購入。しかも勢い余って、まさに「その週」の週末の航空券を購入しました。

希ちゃんと出会ってから2日後の9月2日、僕は金曜日の会社帰りに香港へ向かいました。

リーマントラベラーなので、もちろん帰国は日曜日。滞在期間は2日間です。

9月3日、僕は香港国際空港に降り立ちました。

今回の旅の目的は希ちゃんのことをもっと知ること。そこで、希ちゃんが撮影で回った場所を僕も回ることにしました。

まず初めにたどり着いたのが、油麻地《ヤウマーティ》にある「美都餐室《ミドカフェ》」というカフェ。中に入ると早速、『anan』の写真とまったく同じ場所を発見しました。店員さんに雑誌を見せながら、希ちゃんが頼んだであろうメニューを僕も注文。

まったく同じ場所、まったく同じオーダー、まったく同じポーズで写真を撮り、希ちゃんになりきることに成功しました。

その次に向かった先は、高層マンションに囲まれた謎のスポット。しかしながら、詳しい情報は雑誌には書かれていません。そこでGoogleで「香港　高層マンション」と画像検索。そこに出てきた近しい場所を目指して、鰂魚涌《クオリーベイ》に向かいました。

現地に着いたら雑誌を見せながら聞き込み。すると、あっという間に撮影場所である「モンスターマンション」にたどり着きました。このマンションは、実は映画『トランスフォーマー』のロケにも使われた場所で、マンションの中庭が希ちゃんも撮影で訪れた場所だったのです。

そこでも希ちゃんとまったく同じポーズで撮影。希ちゃんになりきることに成功しました（注：モンスターマンションは、現在は撮影禁止になっています）。

そんな感じで、希ちゃんが撮影したスポットを雑誌の写真に写り込んでいる数少ない情報から探し当て、希ちゃんになりきることに次々と成功。

そして残るは、表紙の撮影場所になった「あの場所」だけになりました。

油麻地にある「美都餐室」で佐々木希ちゃんになりきる僕。

まさかの問題発生！

あの場所とは、香港の中でも最高の場所に構える高級ホテル・インターコンチネンタル香港。

ここで問題が発生します。ここまでスムーズにいった旅でしたが、このホテルの撮影場所はプレジデンシャルスイートという1泊およそ130万円もする、最高級の部屋。さすがに無許可で入ることは絶対に不可能です。

しかしそこで写真を撮り、僕が完全に希ちゃんになりきれないと、この旅は完成しません。勇気を持ってフロントへ向かいました。

「あの、はじめまして。『リーマントラベラー』と申します。雑誌を見てやってきました。今、佐々木希さんになりきっておりまして、もしよろしければプレジデンシャルスイートを見せていただけないでしょうか？」

果たして、ホテルの答えは……。

「申し訳ございません、ご宿泊いただかないとお見せすることができません」

当然の結果ですが、落胆する僕。

とうてい130万円は払えないので素直にあきらめ、ホテル近くのプロムナードでそれっぽい場所を見つけたので、それっぽく撮影しました。意外にもいい感じにそれっぽく撮れたので、一応旅は完成しました。

水曜日にコンビニで『anan』を見て恋に落ちて、その日に航空券を取り、金曜日に空港へ向かい、「週末だけ」で香港で希ちゃんになりきる旅は、僕の中では大成功で終わりました。

そして僕は月曜日に出社すべく、日曜日の夜に香港を後にしました。

「anan　香港　佐々木希」で検索

日曜日の深夜に日本に帰国した僕は、翌月曜日から通常通り出社。またサラリーマンに戻りました。まさに、〝週末だけのシンデレラ〟。

忙しい業務に戻り、クタクタになって1日の仕事を終えました。

帰宅し、ブログでも書こうとPCを開けたのですが、少し気になったので、おもむろにエゴサーチ。Googleで画像検索をしてみました。

「anan　香港　佐々木希」

PCの画面に表示された12枚の画像。その画像のうち3分の2が、今回『anan』香港特集号にまつわる希ちゃんの写真でした。

ここまでは理解できます。しかし、あろうことか残りの3分の1の画像が、厚かましくもブログにアップした僕の写真になっていたのです。

PCの画面は希ちゃんと僕の画像で占有されるという、そこには奇跡、いや、事件が起きていました。

きっと同じように検索して僕のことを佐々木希ちゃんと勘違いした人も少なからずいたに違いありません。希ちゃん、そして『anan』編集部の皆様、本当に申し訳ございません。この場を借りてお詫び申し上げます。

香港・中環《セントラル》の昔ながらの街並み。

事件（奇跡）は続きます。

さらにその2日後の9月7日。夜、会社に残って残業をしていると、Facebookで一通のメッセージが届きました。差出人は山口有子《なおこ》さんという方。

「初めまして。インターコンチネンタル香港の山口と申します。このたびは撮影をお断りしてしまい、大変申し訳ございませんでした。何げなくブログを拝見したらあまりの素晴らしさに朝からコーヒーを吹きました」

まさかの、「佐々木希ちゃんなりきり香港旅」で僕が唯一入ることができなかった高級ホテル・インターコンチネンタル香港から連絡が来たのです。

連絡が来たことにも驚きを隠せませんが、それ以上に山口さんがコーヒーを吹いてしまったテーブルの上が心配です。

そしてこのメッセージにはこんな言葉が続いていました。

「今さらですが、次回何かの機会に香港に来ることがありましたら、またぜひお立ち寄りください。お茶でも飲みましょう。普通のお部屋でも結構ですのでご宿泊いただけましたら、プレジデンシャルスイートをお見せできるかもしれません」

あのプレジデンシャルスイートを見ることができるかもしれない⁉　こんな奇跡、あるのだろうか⁉　山口さん……。

「行きます！」

2週間後、再び香港へ

山口さんから粋なお申し出をいただき、お言葉に甘えて迷わず航空券を購入。最初に行った香港からわずか2週間後の9月17日に、僕はまたしても香港に戻ってきました。

山口さんとの待ち合わせは17時30分、場所はもちろんインターコンチネンタル香港です。

ロビーで山口さんと待ち合わせ。高級ホテルのロビーに一人、「リーマントラベラー」と書かれたTシャツに短パンの男がお邪魔します。

メッセージをいただいてからわずか10日で、ご本人とご対面。山口さん、ご連絡いただき、本当にありがとうございます。

早速、夢の会場へ。

1泊約130万円もする、プレジデンシャルスイート。山口さんにアテンドしていただき、その部屋があるフロアへ。

なんだかいい匂いがする廊下を抜けると、ホテルの部屋の扉とは思えない大きな扉がありました。

恐る恐るその扉を開けると、そこにはなんとメゾネットの超巨大な部屋がありました。ベランダにはプールもあり、ウェディングパーティなども行われたりするようです。

週末だけで行った海外旅行を発信した結果、サラリーマンのお給料では一生かけても目にすることができないであろう場所に、僕は立っていたのです。

そんな感動に浸りながら、部屋を案内されているうちに、気がついたら日も沈んできたのでベランダへ移動。

香港の100万ドルの夜景を独り占めです。

インターコンチネンタル香港で見事、佐々木希ちゃんになりきった僕。

そして、希ちゃんが撮影したであろう時刻と同時刻に、まったく同じ場所、まったく同じポーズ、そしてまったく同じ表情で、僕も撮影することに成功。

僕は、佐々木希になりました。

これぞまさに、香港ドリーム。普通のサラリーマンの僕が、ここ香港で、それもたった2回の週末を使っただけで夢をかなえることができました。

Yahoo! ニュースのトップを飾る

それだけでは終わりませんでした。

夢をかなえた翌週、9月22日。『香港経済新聞』にこんな見出しが踊りました。

「『anan』香港特集号　佐々木希さんと同じポーズを決める謎の男、香港で夢かなえる」

謎の男とはもちろん僕です。

さらに、その記事がなんとYahoo! ニュースのトップにも掲出されてしまいました。一時はハリウッドスター、ブラッド・ピットとアンジェリーナ・ジョリーの離婚に関する記事の下に謎の男（僕）が掲出されるという、前代未聞のハプニングが起こりました。

ちなみに、その記事のコメント（ヤフコメ）欄には、「この記事意味あるのか」「誰だこいつ」「変なおっさんだな」といった非常に辛辣《しんらつ》なコメントが並び、会社から帰宅後、僕は枕を濡らしました。

さらにさらに、２０１６年の年末には、その香港経済新聞に載った謎の男の記事が、香港経済新聞の年間アクセスランキング10位に輝いたことが発覚。

こんな珍事件ともいえないニュースが10位になってしまい、僕の中でうれしさと不安が交錯しました。何より香港経済新聞のご関係者各位にご迷惑がかかっていないことを祈るばかりです。

「週末だけでも奇跡が起きる」

そんなことを教えてくれた香港の旅。これだから週末海外旅行はやめられません。

TRANSIT 3

生まれて初めてやりたいことが見つかった

「世界一周がしたい！　でも会社は辞められない……」

相変わらずそんな葛藤を続ける僕でしたが、そんな僕に神様は「会社を辞めずに」できる天才的な気づきを与えてくれたのです。

仮に「世界一周とは、世界をぐるっと一周回ること」だとして考えてみましょう。そうだとするなら、日本からヨーロッパ、ヨーロッパからアメリカ、アメリカから日本と、乗り継ぎを繰り返して世界をぐるっと一周すれば、３日もあればきっと世界一周ができるでしょう。

しかし、これを世界一周といえるのでしょうか。いや、それは僕がやりたい世界一周ではありませんし、きっと誰も認めてはくれません。

そう考えると、世界一周の本質は「世界をぐるっと回ること」ではなく、「世界をたくさん見て回ったうえで、世界をぐるっと回ること」だと気がつきました。

金曜日の会社帰りはそのまま空港へ直行！

そのとき突然、全身に電撃が走り、僕はひらめきました。

海外旅行へ行き、日本に帰ってくる。日本に帰ってきてから次の旅に行くまでの日本で過ごす期間を「トランジット（目的地へ行く途中に別の空港に立ち寄り、次の出発を待つ〝乗り継ぎ〟時間のこと）」と呼ぶ。

そうやって、日本での〝トランジット〟と海外旅行を繰り返して世界をたくさん見て回り続ければ、サラリーマンをしながらでも「世界一周」できる！

僕にとっては夢のまた夢だった世界一周でしたが、僕にとってやりやすいように都合よく考え方を変えただけで、どんどん現実のものとなっていきました。

前代未聞の挑戦

そして2016年1月10日、本気でやりたいことを見つけました。

「週末だけで世界一周をしよう」

やりたいことが見つからずモヤモヤしていた2015年。自分の好きなことを本気で突き詰めた結果、1年以上経ってやっとやりたいことを見つけました。もっと世界の知らない生き方を見るために世界一周がしたい！　今までの人生で一番ワクワクすることでした。

さらに、こんな天才的なことを思いつきました。

「激務の広告代理店勤務のサラリーマンが、日本でトランジットしながら毎週末海外旅行に行き続け、5大陸を制覇して〝週末だけで世界一周〟を達成する！」

そんなサラリーマン、聞いたことがありません。前代未聞の挑戦。もうワクワクが止まりませんでした。

しかし、そのワクワクと同時に、同じくらいの不安が僕に押し寄せてきました。

小さい頃から今までずっと、誰かに敷かれたレールの上でしか挑戦してこなかった僕にとっては、この挑戦は完全なる社会のレールからの逸脱。それは考えただけでも恐怖でしかありませんでした。

悩みました。しかし、どれだけ考えても答えは出ませんでした。

そこで僕はこの不安を少しでも払拭するために、とりあえず片っ端から知り合いに相談してみることにしました。きっと誰かが背中を押してくれるはずだと信じて。

平日は会社の空き時間を使ってこの挑戦を同僚にプレゼン。休日は友人にプレゼン。時間が許す限り、とにかく人に会って話しまくりました。

相談を始めて、気がつけば1月も終わりを迎えていました。20日間で相談をした人数は、なんと120人。しかし、そこまで話しても、社会のレールからはみ出るという不安は、消えることはありませんでした。

とはいえ、120人に相談して応援してくれる人がたくさんいたことで、僕の心の中ではワクワクがどんどん大きくなっていたのです。最初は不安と同じくらいだったワクワクが、不安を圧倒的に超越するワクワクに変わっていました。

「だったらやるしかない！」

２０１６年２月１日、僕は〝週末だけで世界一周〟を決意しました。

人生最大の旅の始まり

まず出発は10月と定めました。それからのおよそ８か月間は多くの時間を旅の計画に費やしました。

旅の計画も大変だったのですが、それ以上に大変だったのは職場での根回しです。

会社の後輩たちは、ＳＮＳを通じて、僕が旅を好きすぎることを十分知っていたので、その思いを本気で伝え、何度も食事をご馳走することで、〝買収〟に成功しました。

一番の難敵だったのはやはり上司です。旅好きを伝えるだけでは、毎週末海外旅行に行くという前代未聞の挑戦はなかなか理解してもらえません。

そこで、上司を一度海外旅行に連れていってみることにしました。７月の３連休で一緒にラオスに行き、現地の人しか行かないような場所へ連れ回し、僕スタイルの旅行を楽しんでもらいました。その結果、僕の思いを理解してもらえて、快く世界一周に送り出してくれました。

2016年10月7日。旅立ちの日。

といってもその日は金曜日だったので、日中は通常通り会社へ。そして定時過ぎに仕事を終えた僕は、そのままスーツにバックパックを背負い、成田空港へ向かいました。

空港へ向かう電車の中では、これまでの8か月間の準備期間のことを思い出し、武者震いが止まりませんでした。それは、アメフトの試合が始まる前に感じたあの感覚。社会人になってからは一度も感じることなく、忘れかけていたあの高揚感でした。

久々に感じるその感覚に、ドキドキとワクワクで心が爆発しそうになりながら、空港に着きました。

加えて、実は緊張もしていました。そのせいか空港の駅に着いた瞬間、電車を降りるときにうっかり車内に財布を置き忘れてしまったことに気づきました。そして今までの人生で一番テンパりながら、急いでタクシーで隣のターミナルまで財布を取りに行ったことを、今ここに初めて告白します。

こうして、僕の人生で最も熱い3か月が幕を開けました。

結局、搭乗ギリギリまで仕事。

第5章

「行ってみないとわからない とわかった旅」

2016年10月

イラン

「未知の国」から始まった世界一周

「一番想像ができない国へ行きたい」

僕が世界一周で最初に選んだ国はイランでした。

世界一周の始まりの国ということで、一番想像ができない国へ行きたいと思った僕は、今まで一度も足を運んだことがなかった中東、そして「イスラム教の国」へ行くことにしました。

中東にありながら、アラビア文化ではなくペルシャ文化という独自の道を歩んできたイラン。アラブ諸国だけでなく、アメリカとも仲が悪く、イラクやアフガニスタンとも隣接していることから怖いイメージがありました。久々に緊張感がある旅の始まりでした。

2016年10月8日。成田からUAEのドバイを経由してイランの首都テヘランに降り立ちました。

イマーム・ホメイニー国際空港でアライバルビザ（到着時に取得するビザ）を

取得し、入国審査を抜けて入国。無事入国できたものの、まったく気は抜けません。

そんな僕を最初に待ち受けていたのは、宗教色の強い異様な雰囲気の空港でした。ペルシャ語で何かが書かれた謎の大量の黒い横断幕。空港の到着フロアはすべての柱にその横断幕が掲げられていて、黒い布の上に赤や緑、さらには金色の装飾でペルシャ語が書かれています。

それまで訪れた世界の空港はどこも無機質で近未来的なデザインでした。ここイランの空港も近未来的なデザインではあるのですが、その中に強烈なイスラム教色が施されていて、宗教がここまで生活に根づいているのを目の当たりにして突如、不安に襲われたのを覚えています。

空港がこんなにも宗教色が強い理由を知る由もなかった僕は、足早に空港を去り、不安を募らせながらタクシーに乗って街へ向かいました。市内への道のりにも空港で見た横断幕よりも何倍も大きい黒い旗が何本も何本も立っていて、ずっと見張られているような気がして、不安は大きくなるばかりでした。

あれ？　全然怖くない！

最初に向かったのは街のバザール（市場）。そこにいたのはたくさんのイスラム教徒の女性。体全体を包む黒い布の服「アバヤ」を着た女性をたくさん見かけました。

世界を旅して、アバヤを着ている女性を見かけたことは何度もありましたが、ここまでの人数を一度に見るのはイランが初めて。旅慣れた僕にとっても、その光景は衝撃的で、それだけでも〝非日常〟でした。

もちろん、バザールには男性や、アバヤではなく「ヘジャブ」と呼ばれる、頭を隠すスカーフを巻いただけの女性もいます。また、空港同様、バザールにも黒い布がたくさん掲げられていました。

バザールはペルシャ語の看板が並び、たくさんの種類のスパイスを売る店やアバヤを売る店が並んでいます。水タバコ（シーシャ）の専門店もありました。それはもう、インスタ映えしそうな風景がたくさんありましたが、イスラム教徒の女性を写真に撮ってはいけないと聞いていたので、写真を撮ることさえためらいながら緊張感を持って街を歩きました。

僕を見かけると、日本人が珍しいのか多くのイラン人が英語で話しかけてきます。

恐る恐るその声のほうを見ていると、

「ジャパンか？　チャイナか？」

「トーキョー！　オーサカ！　日本のこと知ってるぜ！」

「ガールフレンドはいるのか？」

などと、とてもフレンドリーにみんなが接してきます。デリケートな質問もガンガンしてきます。

「全然怖くない！」

やっと緊張感が取れて、平常心を取り戻しました。

その後はいつもの旅のスタイルで、街を歩きました。街の広場でお茶を飲んでいるおじさんたちがいたので話しかけてみると、お茶とお菓子をご馳走してくれたり、公園の駐車場で水タバコを吸っている同世代くらいのグループがいたので話しかけてみると混ぜてくれて、一緒に水タバコを吸ったり……。

怖くないどころか、とにかく優しいです。旅人とわかると、みんなが優しくしてくれます。

誰だよ、イランを怖いイメージに仕立てた人は！


また、公園で20代の青年たちと仲良くなったので、いろいろ聞いてみることにしました。

すると、若者たちの驚くべき実態を目の当たりにします。イスラム教ではお酒を飲むことは禁止されています。念のため、彼らに本当に一度もお酒を飲んだことがないか聞いてみると……。

「お酒はいつも飲んでるよ。週末は家でパーティしてる。ＥＤＭ（エレクトロニック・ダンス・ミュージック）をガンガンかけながらさ」

同じくイスラム教では結婚前の性交渉は禁止されていますが、本当にみんな守っているか聞いてみると……。

「みんな普通にやってるよ」

どこの国でも若者が考えることは同じみたいです。

サタデーナイトがマンデーナイト

知らなかったことはそれだけではありません。

到着した土曜日の夜は、知人の紹介でハメドというイラン人と会う約束をしていました。現地の人の生き方に触れたいと思い、彼にイランを案内してもらうことにしました。

16時半頃、「WhatsApp」というアメリカ発（！）のメッセンジャーアプリでやり取りして、無事ハメドと合流しました。

まずはお土産ということで、日本の技術の結晶「折りたたみ傘」をプレゼント。自慢げに使い方を説明してあげると、ハメドから衝撃の一言が。

「イランは雨が降らないよ……」

気を取り直して、一緒にレストランへ。国民食である、ケバブのお店へ連れていってもらいました。

イランのケバブは串焼き。トルコ料理屋で見かける肉の塊が回って焼かれているタイプではありません。牛肉や鶏肉、ラム肉などがあり、その付け合わせで用意されているのはライスと甘くないヨーグルト。このヨーグルトがお肉とライスに合うんです。どんどん食が進みました。

食事を終えた僕らは、次はどこに行こうか検討していました。

そういえば、この日はちょうど土曜日。もともと、金曜日に日本を出発して週末を海外で過ごすスタイルの旅行が多い僕は、土曜日の夜を最大限楽しむため、海外に行っては現地のサタデーナイトに繰り出していました。

国によってさまざまな盛り上がり、そして若者たちの遊び方を見ることができるのがサタデーナイトの魅力。

そこで、ハメドに次の目的地として「イランでサタデーナイトが一番盛り上がっているところ」に行きたいと提案してみました。

テヘランのバザールで旅人にもお茶を振る舞う地元の人々。

するど、ハメドの口からまた衝撃的な一言が。

「イランの休日は木曜日と金曜日。だから今日は休みじゃないんだよ……」

その瞬間までずっとサタデーナイトは世界共通とばかり思っていました。しかし、イランではなんと僕らのサタデーナイトが実質マンデーナイト。イランの週末は木曜日と金曜日だったのです。

これぱかりは、行ってみないとわかりませんでした。

ということは、明日は日曜日ですがハメドは明日も仕事。ということで、場所を移してお茶をして、ハメドとはそこでお別れ。

この日は早めにホテルに戻って翌日に備えることにしました。

実はイラン最大のお祭りの前だった

翌日は、国内線の飛行機で古都・イスファハンに移動しました。日本でいう京都みたいな街。街の中心には世界遺産・エマーム広場があり、歴史あるモスクなどの建築が立ち並びます。

かつて「世界の半分がある」ともいわれたエマーム広場。その中にあるイラン建築の最高傑作とも称される「マスジェデ・エマーム」というモスクにまずは向かいました。

エマーム広場は外壁に囲まれ、中は庭園になっていて、その一番奥に佇《たたず》むのがマスジェデ・エマーム。照りつける日差しを浴びながら庭園の奥まで行くと、そこにあったのはエメラルドグリーンの美しい礼拝堂、青を中心にさまざまな色の石で装飾されたイーワーン（入り口にある天井がアーチ状になっている空間）、そして屋台……。

（ん？　屋台？）

その荘厳で、美しいモスクとはまったく合わない屋台が、世界遺産の入り口の目の前に設置されています。

しかも、その屋台にはなんと「DOWN WITH U.S.A」とかなり挑戦的な言葉が。それだけでなく、「DOWN WITH ISRAEL」と書かれた看板をＵＳＡと並べて掲げている屋台もあります。

世界遺産とは思えない、異様な雰囲気。これではせっかくの世界遺産が台無しです。

しかし、デモなどが行われているわけではなく、そこではお茶やお菓子が無料で振る舞われ、多くの観光客が屋台の前に並んでいます。

看板は攻撃的なのに、目の前はハッピーな光景。とにかく違和感しかない光景です。

違和感があるのは屋台だけではありません。よく見てみると、昨日から空港やバザールでずっと見かけた不気味な黒い布が、マスジェデ・エマームにも掲げられています。もちろん、エマーム広場の他のお店にも。

「これは何か秘密があるのでは？」

そう思い、広場を注意深く観察しながら歩いてみることに。

すると、広場内にある土産物屋で偶然にも片言の日本語が話せるイラン人に出会いました。そして疑問をぶつけてみると、やっとその謎が解けました。

イスファハンの「マスジェデ・エマーム」の前にあった屋台。

僕がイランを訪れたその時期は、ちょうどイランの最大行事「アーシュラー」の直前の時期で、僕が空港やバザールで見た黒い布やエマーム広場で見た屋台はすべてがアーシュラーのための準備で用意されたものだったのです。

ちなみにアーシュラーとは、イスラム教シーア派の最大行事で、毎年イスラム暦（ヒジュラ暦）ムハッラム（第一月）10日に行われる、イスラム教の預言者ムハンマドの孫であるフサインの蜂起と殉教を悼む追悼行事です。国民の大多数がシーア派のイランでは、アーシュラーに向けて10日ほど前から準備が街中で行われ、準備の拠点には屋台が建てられ、そこで飲み物やお菓子、夜になると食事が振る舞われるそうです。

僕がイランを旅している時期は、実は年に一度のそんな貴重な時期だったという奇跡が起きました。というか、起きていました。

戒律と寛容の狭間で

初めて訪れたイスラム教の国・イラン。国の正式名称が「イラン・イスラム共和国」というくらいなので、イスラム教の厳しい戒律をきちんと守る国だと思っていたのですが、現地に行くと全員が必ずしも戒律を守っているわけではない、非常に寛容な国だということを知りました。

前述した話以外でイラン人の寛容さを物語るものとして、とくに顕著なのが女性の服装です。もちろん真っ黒のアバヤを着て、目の部分しか出していない女性もたくさん見かけます。イランではアバヤを着ることはマストではありませんが、少なくともヘジャブをすることはマストです。

それにもかかわらず、ヘジャブすら着崩そうとする女性をたくさん見かけました。ギリギリまで前髪を出したり、お洒落なデザインのヘジャブを着けていたりする人をたくさん見かけました。

しかしながら、イランには宗教に関する警察（エルシャード）がいるので、彼女たちの着崩しは、宗教警察の取り締まりの対象になります。

まさに「女子高生 vs. 生活指導の先生」みたいな構図の戦いが、イランでは日々行われているようでした。

イスファハンの観光名所「スィー・オ・セ橋」で微妙な距離を保つ男女。

さらに現地でいろいろ聞いてみると、もう寛容すぎて思わず笑ってしまうような事実を目の当たりにします。

その宗教警察との戦いはIT化によって新たな局面を迎えており、なんと驚くべきことに、スマホ用のアプリで宗教警察がどこにいるか地図上にマッピングして避けられるようにするアプリ「Gershad（ゲルシャード）」が出ていたのでした。イランの女性たちは近くに宗教警察が来るのをスマホで察知しながら、お洒落を楽しんでいたのでした。

想像のはるか斜め上を行く暮らしがそこにはありました。

僕が見たのはごく一部かもしれませんが、それがメディアの報道と大きく異なったのも事実。

「行ってみないとわからない」

そんなことを改めて教えてくれたイラン。そんな旅から、僕の世界一周はスタートしました。

〝週末だけで世界一周〟がスタート！

イランを皮切りに始まった、週末だけで世界一周。「日本にいるときはトランジット」と考えれば、週末だけでも世界一周は可能です。

しかし、その新しい概念を打ち立てるには、誰もが納得できる結果を最初に出さないといけない……。僕は謎な使命感に駆り立てられていました。

そこでまずは自分の中でルールを決めました。

①毎週末、海外旅行に行く（日本にいるときはトランジット！）
②5大陸を制覇する
③ちゃんと現地の文化に触れる（行って帰るだけはNG）

行く頻度は「毎週末に行く」と決めました。なぜなら「週末」は一般的なサラリーマンが休みを取れる最短のスパンだからです。さすがにこれで世界一周を達成したら誰もが納得してくれるでしょう。

行く頻度が決まれば、行く時期もおのずと決まってきます。3連休が多い時期が一番国の数を増やせるので、3連休が多かった10月から12月を渡航時期と決めました。

また、有休も、一般的なサラリーマンが現実的に取れる日数にしようと思い、夏休み分の5日間連続有休と、水曜日と木曜日の祝日とそれぞれの週末をつなげるための3日分、合計8日分使用しました。

行く時期が決まったら、どこの国へ行くかを決めます。

それにあたって、まずは「世界一周」と胸を張って言えるように、ユーラシア大陸・アフリカ大陸・北アメリカ大陸・南アメリカ大陸・オーストラリア大陸の5大陸は必ず渡航すると決めました。

さらに、ただ行って帰ってくるだけでは、旅行とはいえません。現地に滞在できる時間を加味しながら、渡航先を決めました。

そうして決まった旅のプランがこちらです。

リーマントラベラーの "週末だけで世界一周"スケジュール

10月8日（土）～10日（月・祝）	イラン（テヘラン、イスファハン）
10月15日（土）～16日（日）	ロシア（モスクワ）
10月22日（土）～30日（日）	スペイン（バルセロナ）、ドイツ（フランクフルト）、ラトビア（イェルガヴァ、リガ）、スウェーデン（ストックホルム）、フランス（パリ）、イギリス（ロンドン）
11月3日（木・祝）～6日（日）	イスラエル（エルサレム）
11月12日（土）～13日（日）	UAE（アブダビ）
11月19日（土）～23日（水・祝）	コンゴ共和国（ブラザヴィル）、エチオピア（アディスアベバ）
11月26日（土）～27日（日）	インド（デリー）
12月3日（土）～4日（日）	タイ（バンコク）
12月10日（土）～11日（日）	中国（西安）
12月18日（日）	オーストラリア（シドニー）
12月23日（金・祝）～25日（日）	アメリカ（ニューヨーク）
12月29日（木）～1月3日（火）	ブラジル（サンパウロ、サントス、リオ・デ・ジャネイロ）

平日はサラリーマン、週末は海外旅行

イランの翌週は土日でロシア、その次の週末は遅めの夏休みで1週間のヨーロッパ周遊……金曜日の仕事が終われば空港に向かい海外へ。日曜日の夜になれば、全力で帰国し、トランジット先の日本へ。そして月曜日の朝になれば何食わぬ顔して会社へ。その生活を3か月間ずっと続けました。

土日でUAEへ行き、ラクダ使いと砂漠でピクニックしたり、土日でインドへ行き、インド人を集めて日本のレトルトカレーを食べてもらい、カレー世界ナンバーワンを決めたり、日帰りでオーストラリアへ行き、テレビドラマ『逃げるは恥だが役に立つ』の「恋ダンス」を各地で踊って動画に撮ったり……日本ではできないような体験を毎週末行いました。

一方、日本でのトランジット生活（＝仕事）のほうはというと、毎週金曜日は仕事終わりで空港に向かわないといけないため、自ら激務に拍車をかけることになり、社会人始まって以来、最も忙しい日々が続きました。

しかし、それはものすごく密度の濃い日々で、ものすごく充実したトランジット生活でもありました。

ありがたいことに、世界一周中は大きなトラブルに見舞われることもなく、また飛行機も遅延したりすることなく、スケジュール通りに出社できました。

インドでカレー世界ナンバーワンを決める審査員たちと。

そんな世界一周で行った国では本当にいろいろな経験ができましたが、その中でも一番濃い体験ができた国は、アフリカ・コンゴ共和国でした。

この国では、週末だけで奇跡が起こっただけでなく、週末だけで夢までかなえられてしまったのです。

第6章

世界一お洒落なジェントルマンを探す旅

2016年11月

コンゴ共和国

武器を捨て、エレガントに生きる

アフリカ中西部に位置するコンゴ共和国。首都はブラザヴィルで、日本と同じくらいの面積におよそ500万人が暮らしています。しかしながら、平均月給はおよそ2万5000円ともいわれ、世界の中でも貧しい国の一つです。

そんな国に、年収の4割以上をファッションに費やし、お洒落な服を着て平和を訴えている集団がいると知ったのは、Facebookで流れてきた記事がきっかけでした。

その集団の名は、サプール（Sapeur）。世界一お洒落なジェントルマンと呼ばれる集団です。

サプールの語源にもなっている、彼らが行うファッション「サップ（SAPE）」とは、フランス語のSociété des Ambianceurs et des Personnes Elégantes（お洒落で優雅な紳士協会）の頭文字を取ったもので、一年中気温30℃を超す常夏のコンゴ共和国とその隣のコンゴ民主共和国において、1950年代から60年代に流行した、エレガントなパリ紳士のファッションに身を包み街中を闊歩《かっぽ》するスタイルのことです。

そのサップを楽しむ人たちをサプールといいます。彼らの信条は「武器を捨て、エレガントに生きる」。

2つのコンゴにおいては、過去に幾度となく内戦が勃発しました。そのたびに、サップの文化が途絶えそうになりました。しかし、彼らは「エレガントな紳士であること」を重んじ、武器を捨て、平均月給の何倍もするお洒落なブランドスーツを着て注目を集めました。

当時のコンゴは言論統制も厳しかったのですが、そうやって注目を集めることで、堂々と平和を願ったのです。そして今までサップの文化は引き継がれてきました。

日本では考えられない「生き方」です。一瞬にして心を摑まれました。

しかし本当に、アフリカの貧しい国にそんな人たちがいるのだろうか。

正直、記事を見たときは信じられませんでした。でももし、そんなカッコイイ生き方をファッションで体現している人たちがアフリカの地にいるのだとしたら、一度でいいから会ってみたい！

僕の気持ちは、このときすでにコンゴ共和国を目指していました。

消えた唯一の手がかり

2016年11月19日。日本からエチオピアのアディスアベバを経由し、なんと24時間。ブラザヴィルのマヤマヤ空港に到着。

「サプールに会いたい」

その思いだけで、丸一日かけて僕はコンゴにやってきました。

思いだけでとりあえず来たものの、もちろんコンゴにはサプールの友人はいません。それどころか知り合いすら一人もいません。

加えて、コンゴは旅のバイブル『地球の歩き方』が発行されておらず、さらには、モバイルWi-Fiもレンタル対象外地域。こうなるともう己の勘のみが頼りです。

とはいえ、生まれて初めてのアフリカ大陸。己の勘だけでは少し不安だったので、今回はサプールの人に見つけてもらいやすいようにスーツも一式持って旅することにしました。

「スーツを着てサプールっぽい格好をして街を歩けば、きっとサプールが見つけてくれるだろう」という作戦です。

僕に与えられたコンゴ滞在時間は1日半。その限られた時間の中で、サプールを探します。

ホテルでスーツに着替えて、サプールの聖地といわれる、ブラザヴィル郊外にあるバコンゴというエリアを目指しました。

サプールの特集をやっていたNHKのテレビ番組で、バコンゴにある「ラ・マン・ブルー」というバーが、週末になるとサプールが集まる場所だと紹介されていたので、まずはそこへ向かい、手がかりを探すことにしました。

といっても、NHKのテレビ番組やサプールの写真集などでもそのバー以外の情報はまったくなかったので、僕の唯一の手がかりがラ・マン・ブルーでした。

市内の中心部にあるホテルからタクシーでおよそ20分。バコンゴに到着しました。

Google Mapsを頼りに、バーがある住所を目指します。周りの人にスマホを見せながら5分ほど歩くと、地図にピンが立てられた場所に着きました。

しかし、そこはただの畑です。アフリカ・コンゴではさすがのGoogle Mapsも正常に機能しないのでしょうか。

さらには辺りもだんだんと暗くなってきて、街灯がない風景に一気に不安が押し寄せてきます。

そんなときにちょうど現地の人が通りかかったので、ラ・マン・ブルーはここじゃないのか聞いてみました。

「ラ・マン・ブルーは潰れたよ」

なんということでしょう。Google Mapsが指し示していたその場所はすでに畑と化し、僕が目指していた唯一の手がかりは悲しいことに少し前に取り壊されてしまっていたのです。

スーツ（中は汗だく）でサプールを探す僕。

コンゴに到着してわずか数時間で、唯一の手がかりすら失いました。そして僕は、間もなく夜を迎えようとしているアフリカの大地で、絶望に打ちひしがれました。

セボン、セボン、セボン

もうここからは自力で探すしかありません。とりあえず、近所を散策することにしました。

街を歩いていると、みんなが僕のほうをニヤニヤ見てきます。アジア人が珍しいのか、みんなこちらを指差して何か言っているではありませんか。

(目があったら襲われたりしないだろうか?)

そんな不安を感じながら、恐る恐るその人たちのほうに目をやると……。

「セボン!　セボン!」

コンゴ人たちが親指を立てて、こちらを見て笑顔でうなずいています。

すれ違う人、すれ違う人が笑顔で「セボン、セボン」と僕に話しかけてきます。みんなの視線も好意的だったので、その一人に話しかけてみました。すると、みんな僕のスーツ姿を褒めてくれていたのです（注：あとからホテルに戻って調べたら、「セボン」はフランス語の「C'est bon.」で、「いいね」という意味だということを知りました）。

僕が道を歩くと、それを見かけたコンゴ人は会話を中断してセボン、食事の途中にセボン、タクシーに乗っている人がわざわざ窓を開けてセボン。

セボン、セボン、セボン。

こんなにも僕を褒めてくれるなんて……なんていい街なんでしょう。一瞬でこの街のことが好きになりました。

少しいい気になってきたので、街の人々に向かってポーズを決め、写真を撮ってもらい、歓声に酔いしれていると、あっという間に時間が過ぎ、気がついたら何も情報を得ることがないまま、完全に夜になってしまいました。

そこから急いで市場やバーなどでサプールに関する情報の聞き込みをしました

が、フランス語圏ということもあり、言葉という大きな壁が立ちはだかり、結局、この日の収穫はゼロ。

おそらく一生分の〝ちやほや〟をされて、1日目が終了しました。

僕に残された時間は、あと1日です。

お洒落をするのはサプールだけじゃない!?

コンゴ滞在2日目にして、最終日。

リーマントラベラーの旅は、いつも密度は濃いのですが、決まっていつも短いです。

この日の気温も32℃。「サプールに会いたい!」という一心で、この日もスーツを着てサプールに扮して、サプールを探しに出かけます。

前日に引き続き、サプールの聖地・バコンゴにやってきました。

この日は、よりローカルなエリアを探索するため、住宅街をリサーチすることにしました。

日曜日で休日だったこともあり、子どもたちがビーチサンダルのまま、路上でサッカーをしていたり、歌いながら走り回っていたり、大人たちが道路に机を出してお酒を飲みながらおしゃべりしていたりと、それぞれが思い思いに休日を過ごしており、のんびりとした時間が流れています。

この日もスーツを着て歩いていたため、もちろんすれ違う人みんなに「セボン！　セボン！」と話しかけられます。話しかけられては仲良くなって、インスタ映えしそうないい写真がたくさん撮れました。

しかし、そういうことをしにわざわざ24時間かけてコンゴまで来たわけではありません。

あまりの暑さにスーツの中が汗でぐしょぐしょになりながらサプールを探し回りました。

朝から歩き回っていたのですが、気がついたら14時を回っていました。

バコンゴ地区に暮らす子どもたち。

住宅街を端から端まで何度も往復し、体力的にそろそろ限界が近づいてきた頃、目の前の景色とはまったくもって不釣り合いな紳士と出会いました。

小さな商店の前に、たむろする10人くらいの若者たちがいました。みんなヨレヨレのTシャツに長ズボンを穿いているのですが、その中に一人だけ、なんとスーツを着て、街の雰囲気とまったく合わないお洒落な佇まいをしている男性が。

(もしかしたらこの人はサプールかも?)

そう思った僕は、恐る恐るこの若者たちの集団に話しかけてみました。

すると、その人がサプールかどうか確認する前に、僕のスーツを見て「セボン! セボン!」と盛り上がる彼ら。

意気投合し、何人かが英語も話せるようだったので、近くにあるバーに場所を移して飲むことになりました。

一人だけスーツの紳士の名はマイケル。32歳(当時)で、コンゴ生まれのコンゴ育ち。今はコンゴでビジネスをやっているそうです。そのため、マイケルは多少の英語が話せるようでした。

とはいえ、流れでバーに入ったものの、僕に残された時間はほとんどありません。

早速、マイケルにあの質問をしてみました。

「あ、あなたはサプールですか？」

祈るようにマイケルを見つめる僕。そしてマイケルの口から出た答えは……。

「すまない、僕はサプールじゃない。『プレイボーイ』というチームなんだ」

これはまったくの予想外の展開です。コンゴ共和国には、まさかのサプール以外のファッションチームがあったのです。

落胆する僕。2日間歩き続けてやっと見つけた手がかりも、一瞬にして消滅。

このまま僕は、サプールに会うことができないまま日本に帰るのでしょうか。

しかしまだ数時間は残されているので、あきらめずに最後まで戦うことにしました。

まず、マイケルたちにスマホに保存していたサプールの写真を見せ、「これくらいサプールが好きなんだ！」とアピールしました。

そうしたら、急にマイケルの隣にいた男性が食いついてきました。

彼の名はシャライ。30歳（当時）。ヨレヨレのTシャツにジーンズ姿でフランス語しか話せない、よく見かける一般的な服装のコンゴ人です。

シャライが必死にフランス語で何かを僕に伝えてきたので、マイケルに通訳してもらうと、衝撃の事実が。

「この写真集に出ている人はシャライの友達みたいだぜ」

祈れば奇跡は起きるのです。何かあったときのために保存していた写真がここで役に立ちました。

マイケルの力を借りて、シャライに僕のサプールへの情熱を伝えました。すると、シャライから一つの提案がありました。

「いいもの見せてやるから、うちまで来いよ」

「いいもの」が何かは教えてくれませんでしたが、僕は初めて出会ったサプールを知るというコンゴ人・シャライに懸けてみることにしました。

「行きます！」

どう見ても、街の雰囲気とは合わない服装のマイケル。

大逆転を信じてコンゴ人の家へ

9回裏。奇跡の逆転サヨナラ満塁ホームランを信じて、シャライ、そしてマイケルと一緒にタクシーに乗り込み、バコンゴを離れ、タクシーで15分のところにあるシャライの自宅へ向かいました。

このときまだ15時。コンゴ最終日に奇跡を起こすには十分な時間が残されていました。

シャライの家はマヤと呼ばれる地域にあります。先ほどまでいた住宅街だったバコンゴとは異なり、畑も多く、街から続く道を外れると道路も未舗装です。

タクシーを降りて未舗装の道路を歩くこと5分。シャライの家に到着しました。平屋の一軒家で、家族と一緒に住んでいるようです。

家の中に入ると、リビングに通されました。そこで「ちょっと待ってて」と言われて、シャライは家の奥に消えていきました。僕とマイケルは明かりがつかない薄暗いリビングに取り残されました。

待つこと、10分。なかなかシャライは出てきません。「まだ？」と問いかけても「もうちょっと待って」としか返ってきません。

さらに待つこと、5分。さすがにしびれを切らした僕とマイケルは、シャライの部屋に突入することにしました。

部屋に入ると、シャライの姿が見当たりません。シャライはいなくなり、その代わりに別の紳士がこちらに背中を向けて着替えていました。そのお洒落な出で立ちは、まるでサプールのよう。

クローゼットには服がギッシリと入っています。僕らの気配に気がついた瞬間、その紳士が振り返ってこちらを見ました。

そのお洒落な紳士の正体は、なんとシャライ！

先ほどまではヨレヨレのTシャツにジーンズ姿だったシャライが、別人と思ってしまうほどにお洒落に着飾って目の前にいるのです。

あまりのギャップにキョトンとしている僕を尻目に、次の瞬間、シャライの口から衝撃の一言が発せられました。

「そう、僕はサプールだよ！」

先ほどまでお洒落に着飾っているマイケルにしか目が行っていませんでした。しかし、その隣にいた「ただのサプールの友人」だと思っていたシャライが、実は正真正銘のサプールだったのです。

Tシャツから着替えた姿はまさに別人。僕はついに、日本から24時間かけてやってきたアフリカ・コンゴで、念願のサプールに会えたのです（というか、すでに会っていました）。

週末だけでも夢はかなう

その後、着替えたシャライ、マイケルと僕の3人で、コンゴの繁華街へ出かけました。

着飾って街を歩くシャライは先ほどまでとはまるで別人で、街のヒーロー。軽やかにステップを踏み、ポーズを決めて、街を闊歩します。そこには自然と人が集まってきて、写真攻めにあいます。

右からシャライ、マイケル、そしてリーマントラベラー。

僕もシャライを見習ってカッコよく街を歩いてみました。何人かのコンゴ人に写真を撮ってもらえました。

コンゴに着いてからわずか1日半で本当にいろいろなことがありました。

唯一の手がかり、「ラ・マン・ブルー」がなくなっていることから始まり、コンゴ人に囲まれてはポーズを決め、スーツの中は汗でびしょびしょ、お洒落な人を見つけて話しかけたらサプールじゃないし、その隣にいたTシャツの人に家まで連れていかれるし、まさかのその人がサプールだし……。

1日半で1週間分くらいのハプニングが起き、盛りだくさんのコンゴでしたが、最後の最後でサプールに会うという夢をかなえることができました。

別れのときには近い将来、必ず再会することを誓って、それぞれの帰路につきました。

シャライ、マイケル、そしてすべてのコンゴの皆さん、本当にありがとうございました。

日本でふとしたときにインターネットの記事で知った、アフリカで「武器を捨て、エレガントに生きる」人々。

僕が一瞬で心を掴まれた人々はたしかにコンゴに存在していて、それはインターネットの記事以上にカッコよく、そして力強く生きていました。

世界にはこんなカッコイイ生き方もあるのかと衝撃を与えてくれ、さらには週末だけでも夢はかなうと教えてくれた、そんな僕の初めてのアフリカ大陸でした。

TRANSIT 5

前人未到の〝週末だけで世界一周〟を達成

〝週末だけで世界一周〟に挑戦した3か月は、僕の29年間の人生で一番あっという間に終わった3か月でした。

平日は東京でサラリーマンをするかたわら、毎週末海外旅行に行き続け、気がつけば3か月で12回も海外旅行へ行き、5大陸18か国を制覇。日本時間の2017年1月3日にブラジルから帰国し、世界一周を見事達成しました。

ブラジルからの帰りの飛行機では疲れているはずなのに、「達成感」から気分は高揚して一睡もできませんでした。こんな気持ちはいつ以来でしょうか。少なくとも社会人になってからは一度も味わったことがありません。

僕の前人未到の3か月の挑戦は社会のレールからの完全なる逸脱でしたが、

「ここから何かが始まるかもしれない」

と心のどこかで感じながらの帰国でした。

そんな高揚感に包まれ、興奮したまま成田空港に着いた僕でしたが、真夏のブラジルへ持って行った唯一の上着を現地で紛失したため、Tシャツで帰国。そのため真冬の日本で、好奇の目にさらされつつTシャツ一枚で成田空港から自宅まで凍えながら帰宅しました。それも今ではいい思い出です。

そして完全に寝不足のまま、1月4日を迎え、またサラリーマンに戻りました。ちなみに3か月で費やした費用は、総額で250万円。この挑戦で貯金はすべて使い切りました。しかしながら、「週末」と「貯金」を使っただけで、僕は何物にも代えることができない「経験」を得ることができました。この経験によって「リーマントラベラー」という、自分らしい生き方の仮説が正しかったと、自分に対して証明することができました。

まだ見ぬ景色が見たくて

世界一周の功績（!?）が認められ、2016年12月に『地球の歩き方』から「旅のプロ8人」に選ばれ、それ以来、生活が激変しました。

2017年最初の旅はまさかのテレビ番組のロケでした。静岡放送の『ノブコブの平成キニナル！　リサーチ　２０１７年春』というバラエティ番組です。生まれて初めて、テレビ番組が、僕の週末旅行に同行してくれたのです。

行き先は土日でオーストラリア。オーストラリアのタスマニア島へ行けば、南半球のオーロラ（サザンライツ）を見ることができるので、それを週末だけで見に行くという企画でした。

ちなみに、１泊４日のロケで唯一オーロラを見ることができるチャンスだった土曜日の夜は、星が一つも見えないほどの分厚い雲で覆われた曇り空。残念ながらオーロラが出る気配は１ミリも感じることなく朝を迎えました。奇跡は起きませんでした。

その後も、東南アジアの小さなお金持ちイスラム教国家のブルネイ・ダルサラーム、黒魔術師が棲み〝惚れ薬〟が売られているフィリピン・シキホール島、会社の後輩たちと一緒に久々のグループ旅行で香港・マカオ、２回目のテレビ番組のロケでロシア・ウラジオストク（「週末ヨーロッパ」というテイでした）、もともと社会主義だったが今は民主化して急成長を遂げているミャンマーと続き、世界一周をして高まった旅熱を抑えることはできませんでした。今までに行ったことがない国や都市を中心に、２０１７年は月１回のペースで海外旅行に行きました。

また、７月には初めて「リーマントラベラーと行く週末香港ツアー」を開催し、フォロワー10人と一緒に、現地集合・現地解散で香港へ行きました。航空券は各自手配してもらい、東京からだけでなく、名古屋、大阪、福岡、台湾からも参加者が来てくださいました。なお、ツアーガイドだと旅行業法に抵触しそうだったので、「ツアーリーダー」を名乗りました（「幹事」をカッコよく言っただけですが）。

ミャンマーでバナナ屋さんのお手伝い。

　さらに、僕が普段旅行で着ている『リーマントラベラーTシャツ』を試しに発売したところ、なんと１０００枚以上売れたのです。それには驚きを隠せませんでしたが、同時に「買ってくださった方たちは、着る場がなくて、パジャマくらいにしかならないのでは……」と急に不安になったので、皆様に〝着ていただく理由〟をつくろうと思い立ちました。そして、リーマントラベラーTシャツ購入者がTシャツを着て世界中で写真を撮り、みんなで力を合わせて国連加盟国・全193か国を制覇するプロジェクト「力を合わせて全世界制覇」を始めました。すると、開始9か月で100か国を突破。なんと延べ350人以上がリーマントラベラーTシャツを着て海外旅行に行ってくれました。

今ではそこから派生したオンラインサロン「リーマントラベル研究所」(現在は「リーマントラベルサロン」)も始動し、僕は所長として、100人以上のメンバーと一緒にもっとサラリーマンが旅をしやすくなる方法を日々議論しています。旅だけでなく、生き方や働き方に関する講演も年間50回以上実施し(心なしかちょっと滑舌もよくなってきた気がします)、ほかにも個展を開催したり、Tシャツの期間限定ショップを開店したりしました。

これらすべてをサラリーマンのかたわら行ったので、毎日が大変忙しくなったのですが、働きながら好きなこともしているからこそ、オンもオフも本気で生きられるようになったのです。

さらなる刺激を求めて

2017年1月～8月の8か月間で訪れた国は8か国11都市。しかしながら、その旅の中で感じていた刺激は、今までの旅と比べると少し物足りないものでした。

そんな中、インターネットの記事を見ていたら、久々に刺激がありそうでワクワクする国を見つけました。

それは「世界一、入国が厳しい」といわれる国。宗教上の理由で観光では入国不可。そのため、インターネットでもその国の暮らしを知ることはほとんどできません。ところが調べているうちに、その国へ合法的に入ることができる唯一の手段、いわば〝抜け道〟を偶然にも見つけてしまったのです。

その抜け道は、ある特定の日にしか使えないとのこと。

そこで奇跡が起きました。なんとその特定の日が、その年の9月にあるというのです。僕は「行きたい！」という気持ちを抑えることができず、迷わずその抜け道への切符を手配しました。

第7章

史上最高の奇跡が起きた旅

2017年9月

サウジアラビア

唯一の抜け道は「サッカーの公式戦」

アラビア半島の大部分を占めるイスラム教国家、サウジアラビア。イスラム教の聖地であるメッカを有し、毎年、世界中から多くのイスラム教徒が巡礼のためにサウジアラビアを訪れます。サウジアラビアは「サウード家のアラビア」という意味で、統治王家の名前が国名になっている珍しい国です。

サウジアラビアはイスラム教国家の中でもとくに戒律を厳しく守る国として有名です。

憲法にあたる統治基本法が1993年に公布されたものの、その第1条に「憲法はコーランと預言者の言行（スンナ）とする」とあるように、宗教が法律の代わりをしています。それくらい、宗教が生活にも結びついている国家。

そのため、世界的にもかなり閉ざされた環境となっており、イスラム教徒以外の外国人の渡航は観光目的では不可。2019年9月に観光ビザが解禁されるまで、イスラム教徒でないと一般の人は訪れることができなかったのです。

そんな2017年当時は、世界一入国が厳しいといわれる国家でしたが、法の目をかいくぐった抜け道を僕は見つけてしまいました。

その方法は、サッカーの公式戦。

AFC（アジアサッカー連盟）の規定で、公式戦は相手チーム国に観客席の5%分のチケットを渡さないといけないというルールがあり、そのため、いくら観光ビザを出していない国だからといって、試合の開催が決まれば相手チーム国に観客席の5%分のチケットを渡さなくてはなりません。つまり、この場合に限り、観光ビザが下りない国でも特別にビザが発行してもらえるのです。

それは世界一入国が厳しいサウジアラビアでも例外ではありません。しかも2017年9月5日に、2018年ロシアW杯アジア最終予選の日本対サウジアラビアの試合があることがわかりました。

迷わず渡航を決めた僕は、有休を5日間使って1週間の夏休みを取得。

フィリピン・マニラを経由して、生まれて初めてサウジアラビアに降り立ちました。

試合がある都市はサウジアラビア第二の都市で経済の中心・ジェッダ。

イスラム教の聖地・メッカへの玄関口となっており、キング・アブドゥルアズィーズ国際空港は巡礼で訪れる人を乗せた飛行機専用のターミナルまであります。ちょうど僕が降り立った9月4日は、年に一度の大巡礼（ハッジ）の最終日。大巡礼の期間中は全世界から200万人を超えるイスラム教徒がメッカを目指して訪れるため、道だけでなく空も大渋滞です。

過去に行ったことがあるイスラム教国はイランとUAE。とはいえ、イランはサウジアラビアとは宗派も文化も違いますし、UAEは国際化が進んでおり、観光客用のリゾートホテルが立ち並びます。そんな国しか行ったことがなく、さらには情報もかなり限られているので、サウジアラビアに初めて降り立ったときは久しぶりに緊張していました。街の雰囲気がまったく想像できなかったからです。

宗教が根づいている生活

空港からバスでホテルへ。バスの中に表示されている外の気温はなんと41℃。

灼熱の大地に僕は来てしまったみたいです。さらには大巡礼の最終日ということもあり、道路は大渋滞。早速〝アウェーの洗礼〟を受けました。

ホテルに到着して部屋に入ると、最初に目に留まったのはテレビです。部屋のテレビをつけると、最初に映し出されたのは1ch。それがまさかの聖地・メッカの内部の映像でした。

そのチャンネルは一日中ずっとグランドモスクにあるメッカの中でも最高の聖地とされるカーバ神殿の映像を流しているとのこと。さすがサウジアラビア。こんなところにも宗教は根づいていました。

サッカーの試合は翌日のため、その日は少しホテルで休憩した後、暑さも落ち着いた夕方から市内観光へ出かけました。

向かったのはバラドと呼ばれる旧市街。世界遺産になっている地域です。

バラドに着くと、まずそこで目に入ったのは、イスラム教の正装を着て街を歩く人々の姿。

男性は白の「ガラベーヤ」と呼ばれる民族衣装（白で全身をすっぽり覆う貫頭衣）を着ている人を多く見かけます。もちろん、Tシャツ・長ズボン姿の男性も見かけますが、半分くらいの男性はガラベーヤを着ている印象でした。

また、女性は決まって「アバヤ」と呼ばれる黒色の民族衣装を着ています。イランのときと違って、ヘジャブを着崩してお洒落をしているような人は見かけません。というより、そもそも街に来ている人自体、男性が圧倒的に多く、女性はあまり見かけませんでした。

ちなみに、サウジアラビアは２０１７年時点では女性差別が公然と残る国で、当時は世界で唯一女性が自動車を運転できない国で、女性のスポーツ観戦もＮＧでした（注：女性のスポーツ観戦は２０１８年１月に解禁、女性の自動車の運転は同年6月に解禁されました）。

これほど民族衣装を着た人ばかりのイスラム教国は初めてだったので、驚きの連続でした。さらに僕が驚いたのは、「お祈り」です。

街を歩いていると突如、街がざわつき始めました。

ガラベーヤを着た男性やアバヤを着た女性で溢れる旧市街。

商店はそそくさと店を閉め始め、街の中心の広場に人が集まりだしたのです。そして、人で広場が埋まった頃には旧市街の店はどこも閉まり、街が静まり返ったところで全員がひざまずき、お祈りが始まりました。

僕がいた場所では50人くらいの人が、街の広場のど真ん中に敷かれた絨毯《じゅうたん》の上でお祈りをしています。こんな目の前でお祈りを見るのは生まれて初めての体験。みんなが同じ方角を向き、ひざまずいて地面に頭をすりつける姿に、目の前で起こっていることが正直信じられなくて、少し後ずさりしてしまいました。

しかし、どこか厳かで触れてはいけないものを見てしまった気分になったその瞬間、通りがかった現地の人から発せられた一言に腰が抜けてしまいました。

「どうしたの？　写真撮らないの？」

僕が神聖な気分で見ていたお祈りは、彼らにとっては日常。神聖な行為であるには違いないものの、別に見られてどうこうは思わないとのこと。それゆえに写真に収めてもまったく問題ないとのことでした。

お言葉に甘えて写真を撮りまくりました。やはり、行ってみないとわかりません。

〝アウェーの洗礼〟を浴びながらスタジアムへ

次の日の朝は、またしても〝アウェーの洗礼〟から始まりました。

それはなんと朝5時過ぎのことでした。突然、窓の外からスピーカーを通じて謎の大音量が聞こえてきたのです。その音で僕は叩き起こされました。

それは、そのまま眠り続けるのもつらいほどの大音量。あとから聞いたら、それは「アザーン」と呼ばれる、イスラム教の〝礼拝の呼びかけ〟でした。

結局、その音量がすごすぎて二度寝することはできず、やることもないのでテレビをつけたら、またしても聖地・メッカの映像が。テレビからもアザーンが流れ出し、早朝にダブルパンチをくらいました。

肝心のサッカーの試合はこの日の夜。20時半キックオフという、遅めのスタートで、そのキックオフの時間もどうやらお祈りの時間を考慮しているとのこと。生活からスポーツまで、すべてがイスラム教を中心に回っています。

日中は暑すぎて外を歩いている人はほとんど見かけないため、バスで街並みを拝見。夕方ホテルに戻って、スタジアムを目指しました。

おそらくスタジアムは民族衣装であるガラベーヤを着た人々で埋まるだろうと予想した僕は、日本人代表の心意気で、浴衣を着て試合に臨みました。

その試合は、2018年ロシアW杯アジア最終予選の最終戦。日本代表は前の試合ですでにW杯出場を決めていて、一方サウジアラビア代表はこの試合に勝てばW杯出場という試合でした。

そのため、サウジアラビアは国を挙げて盛り上がっており、直前には皇太子がスタジアムのチケットをすべて買い占め、国民に無料開放するという大盤振る舞いを発表したほどでした。日本にとってはかなり厳しいアウェーの戦いが予想されました。

スタジアムへはバスで移動。到着すると、試合開始2時間以上前だったにもかかわらず、そこにはスタジアム無料開放目当てで来たサウジアラビア人サポーターの大行列が。スタジアムに入る前から圧倒されました。

その光景にも驚いたのですが、さらに驚いたのは人々の服装。昨日までは、男性はガラベーヤを着た人か長ズボンを穿いた人しか見かけませんでしたが、その列に並んでいる人の多くは半袖半ズボンとかなりラフな格好でスタジアムに来ています。

ガイドブックなどにも「サウジアラビアでは長ズボンを穿かないといけない」と記載があったので、これにも驚きました。

サウジアラビア人の行列とは別のルートで僕ら日本人サポーターはスタジアムに入ります。日本から来たサポーターはおよそ１２０人。それに加えて現地在住の日本人が応援に駆けつけました。

スタジアムには日本人専用観客席がつくられ、そのエリアは柵で囲われ、入り口には警察が何人も立っているという厳戒態勢でした。

スタジアムを探検、ここでもお祈り

試合2時間前にそのサポーター席に座らされた僕らは、試合が始まるまではとくにやることがありません。サウジアラビア政府の計らいで試合直前の混雑を避けて入場させてもらったので、スムーズに中に入ることができましたが、圧倒的に暇です。

そこで僕は日本人専用観客席を早々に抜け出し、スタジアム内を探検することにしました。


スタジアムを歩いていると、浴衣を着ていたこともあり、すれ違うサウジアラビア人に必ずと言っていいほど話しかけられます。

「コンニチハ！」

「ジャパン！」

「サムライ！」

みんな笑顔で話しかけてきて、一緒に写真を撮ってほしいと次々に言われました。ちょっとしたスター気分です。試合前なのもあるかと思いますが、かなり歓迎ムードで危険な雰囲気は一切ありませんでした。

前述しましたが、僕が観戦した当時はサウジアラビア人女性のスポーツ観戦はNG。そのため、スタジアムのトイレはもちろん男性用しかありません。

また、サウジアラビア人用のサポーター席に降りてみると、もちろん男性しかいないので、飛び交う歓声も野太い声。多くの人が国王の肖像画を掲げて応援していて、スタジアムは異様な雰囲気に包まれていました。

さらに圧巻だったのは、試合開始1時間前に見たコンコースでの光景です。コンコースを歩いていると、少し広めのスペースに絨毯が敷かれていました。しばらくしたら人がぞろぞろと出てきました。何が始まるのか気になり、様子を見ていると、またしてもそこでお祈りが始まりました。

そのとき目にしたお祈りの規模は、昨日の旧市街で見た規模とは比べものになりません。そこに集まった人、人、人。１００人をはるかに上回るであろう人々が一斉にメッカのほうを向いてスタジアムでお祈りを始めました。

圧巻です。昨日の経験を活かしてすぐさま写真に収め、Twitter（当時）に画像をアップしました。

今までの旅でもしばしばスポーツ観戦をしてきましたが、今まで見てきたものとはまったく異なり、スポーツ観戦すら宗教を踏まえて行われていました。それくらい宗教が生活に根づき、欠かせないものになっていたのでした。

サッカーの試合直前にスタジアムでお祈りをする人々。

試合のほうはというと、サウジアラビアが後半決めた1点を最後まで守りきり、見事W杯出場を決め、日本と一緒にロシアW杯へ行くことが決まりました。

サウジアラビアの勝利が決まった瞬間、スタジアムの熱気は最高潮に達し、野太い声がスタジアムの屋根に反響して、嵐のように襲いかかってくるようでした。

日本は負けてしまいましたが、ある意味、サウジアラビアでしか見られないような光景がたくさん見られて、大満足のサッカー観戦となりました。

「お祈りの写真」が原因でTwitterが炎上!?

試合が終わり、夕食を食べてホテルへ戻ります。

すると、僕のスマホに異変が生じているのを感じました。Twitter の通知が止まらないのです。

何が起こったのでしょうか。Twitter を開いてみると、なんと先ほどの試合前にアップした「お祈りの写真」がすごい勢いでリツイートされ、拡散していたのです。しかも、よく見てみるとほとんどがアラビア語のアカウント。そうです、サウジアラビア人たちからのリツイートだったのです。

僕の投稿が彼らの気に障ってしまったのでしょうか、それともただの嫌がらせでしょうか。リツイートだけでなく、コメントもたくさん来始めたので、恐る恐る翻訳機能を使って、書いてあるアラビア語を読み解いてみました。

「日本人、歓迎する！」

「日本にわれわれを紹介してくれてありがとう！」

「ナイスゲーム！」

なんとほとんどが好意的なコメント。彼らは僕が日本に向けてサウジアラビアの文化や暮らしを紹介していることを喜んでくれて、それで一気にリツイートが始まったようなのでした。

あとから現地の人に聞いてわかったのですが、サウジアラビアは親日国家。しかし、観光でサウジアラビアへの渡航ができないことから、なかなか日本人との直接の接点が持てないため、僕の渡航を心の底から歓迎しているとのことでした。

気がついたら、僕のTwitterの投稿は7000リツイートを超え、フォロワーもサウジアラビア人ばかり500人以上増えていました。決してフォロワーを購入したわけではありません。

僕史上最高の奇跡

翌日、そのTwitterを見たサウジアラビア人からダイレクトメッセージが届きました。その人の名前はマット。プロフィールを見るとフォロワーが4万5000人もいます。

「ただ者ではないな……」

そう思い、メッセージに返信すると、その人は現地の新聞記者らしく、何個か質問に答えてほしいと英語でメッセージが来ました。

「コメントが記事になったらオイシイ」と思い、Google翻訳を存分に駆使して返信。そうすると、「ありがとう」と向こうからもGoogle翻訳を駆使したであろう日本語での返信が来ました。

そして、僕史上最高の奇跡が起きました。

メッセージに返信した翌日、なんと僕は、サウジアラビアでの新聞デビューをしてしまったのです。

しかも昨日のやり取りがさらっと載ったというわけではありません。コメントが掲載されるどころか、僕の写真もバンバン使われ、あろうことか僕に関する記事だけで1ページ丸々特集されてしまったのです。

さらに、その新聞は現地の最大手新聞のため、記事はアラブ諸国にも配信されており、「リーマントラベラー」がアラビア中に配信されることになったのです（というか、このときすでに配信されていました）。

記事はアラビア語なので絶望的なくらい読めず、Twitterで呼びかけて、サウジアラビア人のフォロワーさんに英語に翻訳してもらいました。すると、「歓迎する」「来てくれてありがとう」といった内容から、一緒にロシアW杯に行ける喜びについてまで書いてあったようです。僕のことは「サウジアラビアの文化を日本に発信する日本人サポーター代表」と書かれていました。

サウジアラビアのＷ杯出場を喜ぶ人々。

僕の身に実際に起こった、サウジアラビアの奇跡。それは誰も予想できなかったアウェーでの劇的な結末でした。

ちなみに帰国してからも数日の間、数百人のサウジアラビア人からTwitterに届く大量のダイレクトメッセージ（しかもアラビア語！）に悩まされたのは、ここだけの話です。

旅を通じて僕に起こった一番の奇跡

1週間の夏休み（2017年9月3日〜10日）を使って行った「世界一、入国が厳しい国」サウジアラビア。イスラム教が生活と密接に関わっており、見るものすべてが衝撃的だったのですが、僕にとってそれ以上に衝撃だったのはサウジアラビア人が日本を大好きだということ。そして、それなのに行くまでその事実をまったく知らなかったということでした。

サウジアラビアが実は超親日国家だなどと、日本にいても誰も教えてくれません。こんなにも愛してくれているのに、僕らがサウジアラビアのことを知らなすぎてその思いは永遠に一方通行。

そんなのもったいない。だからこそもっと彼らのことが知りたいと思い、帰国後まずはイスラム教やアラブ諸国に関する文献を読みあさりました。

いろいろと読みふけっていくうちに、地政学にも興味を持ち、今は範囲を広げて勉強しています。

「世界はまだまだ知らないことだらけ」

さまざまな奇跡を通じて、そんなことを痛感させられた2017年の夏休みでした。

サウジアラビアの後は、フィリピン・セブ、アメリカ・ロサンゼルス、台湾、香港、中国・上海と引き続き旅を続けました。

しかし、なかなかサウジアラビアを超える衝撃に出合うことはありませんでした。

そして僕の心は、自然とあの大陸を目指していました。

17日間のアフリカ横断旅

2017年最後の旅に選んだ先はアフリカ。ちょうど11月の終わり頃、2018年1月1日付けで部署異動が決まっていたので、今の部署には「年末にお休みをいただきたい」と伝え、新しい部署には「年始にお休みをいただきたい」と伝えました。すると、奇跡的にも両方受理されて予期せぬ〝二枚舌外交〟が成功してしまい、人生最長の17日間の休み（２０１７年12月23日〜２０１８年１月８日）をゲットしてしまったのです。

　そこで僕は、サウジアラビア以上に「情報がない世界」へ行きたいと思い、迷わずアフリカ行きを決めました。今回はその中でもとくに情報が限られている西アフリカを起点とし、アフリカ大陸を西から東へ横断することにしました。

シエラレオネで地元のお祭りに参加。

　17日間で旅した国は８か国。やはり、いつもの弾丸旅行癖が出てしまい、長期の休みでもハードなスケジュールにしてしまいました。

　12月22日の金曜日、仕事帰りから旅はスタート。カタール・ドーハを経由してモロッコ０泊から始まり、シエラレオネ３泊、ガーナ１泊、コートジボワール１泊、ベナン３泊。旅の前半戦は西アフリカを回り、ベナンで年越しをしました。

世界で一番平均寿命の短い国・シエラレオネ（2016年時点で50・8歳）では、そんなことをまったく感じさせない、人生を楽しむ人々にたくさん出会いました。

かつて奴隷貿易の拠点だったベナンでは、現地の信仰・ブードゥー教の聖地を訪れ、生け贄として使用する動物の死骸を売る市場に迷い込んだり（人間の頭蓋骨もありました……）、実際に現地の人の家に行きブードゥー教のお祓《はら》いをしてもらったりしました。

年が明けて2018年1月1日。ベナンの次は東アフリカへ移動しました。東アフリカの旅はケニア2泊、ウガンダ2泊、ルワンダ2泊。貧しい西アフリカとは打って変わって、そこには発展したアフリカがありました。

とくにルワンダは、1994年の大虐殺（ジェノサイド）の後、わずか20年で「アフリカの奇跡」と呼ばれる目覚ましい発展を遂げていました。

途中のガーナで、泊まったドミトリーの部屋の冷房が強すぎて、それもリモコンを相部屋の女性が枕元に置いていて、下手に動くと怪しまれると思い、我慢して寝た結果、翌朝、見事に風邪をひいていた以外は、とくにトラブルもなく、1月8日、人生最長の17日間の旅を終え、日本に到着しました。

終わりがあるから旅は美しい

17日間、8か国10都市の旅は、情報がほとんどない世界への旅でした。しかし行ってみると、濃淡はありますが、どこの国も近代化していて、高いビルが建ち始め、西洋化が始まっています。Wi－Fiだってどこの国でもサクサク使えます。

そうなると、僕が探し求めている〝見たことがない生き方〟はなかなか見つかりません。アフリカの旅は、そこまで新しい発見はありませんでした。

しかし、初めて長期の旅をしたことで、僕は自分が旅の中で一番好きな時間に気づくことができました。

僕が旅の中で一番好きな時間、それは「帰りの飛行機」でした。

帰りの飛行機は、非日常が終わり、日常に戻る最後の時間。だけどそれは日常・非日常のどちらでもなくて、かつ電波の入らない時間です。だからこそ、僕はそこで旅から得たたくさんの気づきを消化するようにしています。

僕にとって、帰りの飛行機は〝自分探しの旅〟の時間です。

今回は情報のない世界の旅で、かつ人生最長の旅だったことから、自分探しの旅に持ち込む材料が今までの旅で一番多く見つかりました。しかし、17日間の旅の間で自分探しの旅ができたのは、最後の旅先・ルワンダから日本へ向かう飛行機の中だけ。

旅の途中では、次の日のことや次の旅先のことが気になって、なかなか見つけた材料を消化する自分探しの旅ができません。また、日本に戻ってからの忙しい日々で、かつ電波のある環境では絶対にその消化作業はできません。だからこそ、見つけた材料を消化する帰りの飛行機の時間が来ることを、旅の中盤から一番の楽しみにしていました。

僕は、旅は消化することで自分のものとなり、そこで初めて完結すると思っています。

終わりがあって初めて旅は成立する。そして、終わりがあるからこそ旅は美しい。

そんなことに気がつけた17日間のアフリカ横断旅でした。

生き方には選択肢がある

サラリーマンをしながら海外に行き続け、週末だけでもさまざまな奇跡が起き、たくさんの生き方に触れることができて、わかったこと。

それは、「生き方には選択肢がある」ということ。

ロサンゼルスには昼間から人生を楽しむ大人がいて、キューバには貧しいのに僕らをもてなす人々がいて、イランにはイスラム教に寛容な女性たちがいて、コンゴ共和国にはお洒落で平和を訴える人がいる。

「サラリーマン」という生き方しか知らなかった僕にとっては、旅で出合った生き方すべてが新鮮で衝撃的でした。だからこそ、知らない生き方をもっと見たくて旅へ行き続け、生き方には選択肢があることに気がついたのだと思います。

実は、生き方には選択肢があるということに気がついたことが、旅を通じて起こった、僕にとっての一番の〝奇跡〟なのかもしれません。

第8章

見えている世界が広がった旅

2023年3月

タイ

この世界から「旅」が消えるまで

この本の単行本版『サラリーマン2・0　週末だけで世界一周』が発売されたのは2018年6月。そこからももちろん僕の旅への熱意は止まるところを知らず、最低でも月1回は海外旅行へ。

アメリカのネバダ州の砂漠のど真ん中に9日間だけ街ができるフェス〝バーニングマン〟に参加したり、危険といわれる印パ国境の〝フラッグセレモニー〟(国旗の降納式)を見るためにインドとパキスタンへ行ったり、メキシコをバスで海岸沿いをめぐる村上春樹さんのエッセイを読んでパナマからグアテマラまで中米をバスで縦断したり……。30歳にしてハワイもデビューしました(意外とハマってしまいました)。2019年末には初めて北極圏まで行き、街の入り口に〝ホッキョクグマに注意〟の看板がある世界最北の街・スバールバル諸島のロングイエールビーンでオーロラを見ることもできました(到着した日、20年ぶりに街にホッキョクグマが出ました)。

スバールバル諸島からデンマーク・コペンハーゲンを経由してグリーンラン

ド・ヌークへ移動し、迎えた2019年の大晦日《おおみそか》。ヌークの大晦日はスーパーもレストランもすべてのお店が午前中には閉まってしまい、2019年最後のディナーは一人で冷凍食品のグリーンカレーという寂しい一日でしたが、夜になるとデンマーク時間、アイスランド時間、そしてグリーンランド時間のそれぞれで年越しの花火が打ち上がり、なんと3回も年越しできる世界一お得な大晦日を過ごし、僕は北の大地で2020年を迎えました。

この年も、変わらず旅しまくる予定でした。この時点では。

しかし、世界が急に変わり始めます。

世界が変わる前、最後の旅となったのは、2020年2月のブラジル。休める日程が限られていたので、行きはアメリカ・ニューヨーク経由、帰りはUAE・ドバイ経由という無理やり世界一周までして地球の裏側へ行く行程。そうしてまでも行きたかったのは、リオ・デ・ジャネイロのカーニバルでした。

世界最大のお祭りとも称される、リオのカーニバル。あの巨大な山車《だし》とサンバダンサーたちがパレードする光景は、死ぬまでに一度は現地で見たいものでした。

それも調べているうちに、パレードを見るだけではなく、参加する方法があるという情報を入手。２万円程度の参加費を払えば、あのパレードに参加できるというのです。知ってしまったからには、これはもう行くしかありません。

日本から28時間かけてリオに到着し、カーニバルのパレードに参加する日の夜（パレードは夜９時から翌朝まで続きます）。前日に配布された本格衣装を着て、23時すぎにパレード会場へ。パレードが始まる直前に行われると聞いていたダンスレッスンはなぜか開催されず。でも「それはそれでブラジルっぽいな」と思いながら、なんの動きも知らされないままパレードが始まってしまいました。僕を含め２万円課金しただけの多国籍軍〝なんちゃって〟ダンサーズは、この日のために準備を重ねてきたプロダンサーたち（皆さんが想像するカーニバルのダンサーはこの人たちのこと）の足を引っ張らぬよう、全員が全力で思い思いの踊りを披露し、観覧席からの大歓声を浴びながら、無事に完走。なんちゃってダンスで文字通り踊り狂った、それはもう、過去最高の40分間でした。

現地滞在２日半の弾丸行程でしたが、１日目は観覧席からパレードを見て、２日目は実際にパレードに参加するという、僕にとっては本当に贅沢で、本当に大

カーニバルのパレード後にプロダンサーのサンバ美女と。

満足な旅。加えて、日中はコパカバーナビーチなど中心地の路上で開催される、「ブロッコ」と呼ばれるクラブのようなイベントにも積極的に参加して、世界中から集まったパーティピーポーたちと、朝から晩までお祭り騒ぎでした。当時、現地ではまだ「アジアの新しい風邪」という情報程度で、みんなノーマスクでした。

こんなに楽しいイベントは、きっと他にはない！　また必ず参加する！　そう心に誓い、2月24日、僕は日本へ帰国しました。ここから数年、旅できなくなる世界が待っているとは知らずに。

ブラジルから帰国した翌日は、いつも通り全力出社。それが、リーマントラベラー。しかし、その次の日、僕の会社は突如、完全リモートワークに切り替わりました。それからどんどん外出自体が制限されるように。ステイホーム。旅に出るどころか、家から一歩も出られません。そうこうしているうちに、3月25日夜、外務省が史上初となる全世界への「不要不急の渡航自粛要請」を発出。

僕らの世界から、突然、「旅」が消えました。

新たな旅のはじまり

あれから4年。

一度旅を失った世界は活況を取り戻し、我々は〝ニューノーマル〟な日常を送るようになりました。そして世界が旅を取り戻す間に、僕は結婚して、父になりました。

最後の旅から857日後の2022年6月30日。僕は2年4か月ぶりに成田国際空港へ向かいました。あれだけ乗り慣れていたはずのスカイライナーも、コンビニへ行くくらいの感覚で寄っていたチェックインカウンターも、合コンの代わりに金曜夜のお約束になっていた航空会社ラウンジも、すべてが新鮮。もはや、緊張。久々の国際線すぎて、飛行機に搭乗するまで、ずっとそわそわ。それはまさに2012年のロサンゼルスへの最初の旅と同じ感覚。まったく気持ちが落ち着かなかったことを覚えています。

僕の復活の旅、それはハネムーンでした。妻とは、旅に出られない間に、付き合って3か月で結婚したため、2人での海外旅行はこれが初めて。もともと海外旅行は好きとのことでしたが、リゾートステイ派という妻。一方、リゾートステイのような一か所にとどまる旅は、大の苦手な夫。とはいえ、これからの結婚生活を考えると、僕の希望だけを通すわけにはいきません。とくに一生に一度のハネムーンですので、忖度《そんたく》も、非常に重要です。

というわけで、まずは、「ビーチリゾート……とアフリカに行かない？」と、後半は少し小声ではありましたが、〝僕の希望〟も含める形で、先方のご希望をお伺いすることにしました。

しかしながら、妻の耳には、その小声の部分だけが残ったらしく、早速、かなり渋い顔……。とはいえ、顔色をうかがいすぎるのも、今後の結婚生活を考えると良くありません。まずはモルディブ？　タヒチ？　サントリーニ島？　といった、ハネムーンの定番ビーチリゾートのご提案で気持ちを高めていただきつつ、ある程度、高まったことを確認したところで、いよいよ本題です。あくまでビーチリゾートのバーターとして、南アフリカ？　タンザニア？　ケニア？　と少しずつ北上させつつ、最大限顔色をうかがいつつ、具体的に提案していくと……いよいよアフリカに興味が湧いてきたのか、心が折れたのかはわかりませんでしたが、「強いて言えば、唯一、エジプトならアフリカで少しだけは興味が湧くかも」と妻。〝強いて言えば〟と〝少しだけは〟の部分を省略して都合よく理解した夫。無事に僕の希望も盛り込むことに成功し、僕が航空券の手配担当だったので、こっそり経由地にも僕の希望を織り交ぜておき、計5か国を巡る、僕ら夫婦の最初の旅が完成しました。

結婚休暇と夏休みをうまく組み合わせて、過去最長更新となる20日間の長旅。UAE・ドバイのスーク（市場）にて笑顔で必要以上のお土産の押し売りに遭ったのを皮切りに（そうそうコレだよ、コレ！）、エジプトではカイロとルクソールで古代エジプト文明に触れ（気球でナイル川とルクソール神殿を見下ろす体験は忘れられない！）、バーレーンのオイルマネーで発展する街を見学し（以上！）、モルディブの水上コテージでのんびりした後は（リゾートでのんびりするのも意外と悪くない……！）、久々のタイ・バンコクの急速な発展に圧倒され（物価がどんどん上がっていることにも圧倒された！）、長いようであっという間の旅から、無事、帰国しました。帰国する頃には、なぜもっと早く海外旅行を再開しなかったんだろう！　と、もうすぐにでも旅に出たくなっていたのでした。

そうなると、もう怖いものはありません。一度火がついてしまった僕は、もう誰にも止められません。

帰国した翌月には、ケアンズ＆グレートバリアリーフ観光大使に就任して初のオーストラリア・ケアンズへ。それからは月1ペースの海外旅行が復活し、旅に出られない間にハマった『梨泰院《イテウオン》クラス』や『ヴィンチェンツォ』などの韓ドラの聖地巡礼のため韓国・ソウル、できなかった〝旅〟がしたすぎてとにかく遠くへ行きたかったので南米周遊（コロンビア、ペルー、アルゼンチン、ウルグアイ、チリ）、そして〝三笘の1ミリ〟を生で見ることができたサッカーカタールW杯（ついでにレバノン）と、リハビリ期間なしで、あの頃と変わらない、リーマントラベラー生活が戻ってきました。

ハネムーンで訪れたモルディブの海。

「できない」と決めていたのは結局、自分

久々に旅に出て、そして帰りの飛行機で自分と向き合う中で、新たに気がついたことがあります。

僕には、旅に出ることと同じくらい、楽しいことがある。それは、「自分の思い込みを壊すこと」だと。

これまでの僕の人生で限界を決めていたのは、結局、自分でした。

「会社員は気軽に旅行なんて行けない」「週末だけで海外なんて行けない」「会社員は世界一周なんてできない」「会社員はメディア出演なんてできない」「会社員は本なんて出せない」。

でも、どれもが、自分なりの方法を見つけて、時には「日本にいるときはトランジット」のように自分なりにルールを変えて、とりあえずやってみたら、できました。それもどれもが会社員を辞めずに。

できないと思ってあきらめていたすべてが、僕の勝手な思い込みだったのです。

加えて、「週末海外」、「週末だけで世界一周」、「テレビに出演」、「本の執筆」など、自分の〝できない〟という思い込みを壊す方法を見つけ、達成した時ほど、僕のテンションが最高に上がっている瞬間はないことにも気がつきました。

旅を通じて、「できないことなんて、ない。できないと決めているのは、結局、自分」、そんなことにも気づかされました。

僕のライフステージが大きく変わる中で、「これからは、今まで通りの旅はできなくなるぞ」と、周りは言います。いやいやいやいや、そんなことはない……と思いつつも、何回も言われるとさすがの僕も不安になりかけていましたが、「できないと決めるのは、結局、自分」と気づいたとき、その不安は一瞬にして吹き飛び、消え去りました。

これからの人生、旅し続けるのも、旅を辞めるのも、決めるのは自分でＯＫ。だったら僕は、僕なりに、旅し続ける人生を選びます。

1か月半の育休を取ってタイへ

2022年12月、僕は父になりました。

残念ながら流行病の影響で、出産に立ち合うことはできず、我が子との初対面は生まれて1週間後でしたが、病院の1階で妻が抱きかかえてきて対面した、あの日、あの瞬間は、幸せな瞬間でした。頑張ってくれた妻には、本当に感謝です。

そこから生活は激変しましたが、新しいことが連続する毎日は、それはもう旅のようなもの。大変な日々もそう置き換えると、僕の心は少し軽くなります。

そんな中、男性の育休取得が増えているニュースを見て、僕もその波に乗っからせていただき、育休を取ることにしました。子どもが生後3か月を過ぎた予防接種が一段落するタイミング、かつ、仕事も調整がつきやすいタイミングで1か月半の育休取得を計画。そして、一家でタイへプチ移住することにしました。

というのも、偶然にも、義母が数年前からタイで働いており妻の実家は、実質タイ（異論は認めません）。バンコクで暮らしている義母は、まだ孫に会えていませんでした。それは、行くしかありません。このチャンス、活かさない手はありません。

〝リーマントラベラーの子〟ということで、いつでも海外へ連れて行けるようにと、念のために生後1か月で取得しておいた我が子のパスポート写真は、もはや別人でしたが、一家でタイの義母の家に転がり込み、〝できない〟と思い込んでいた海外生活を思わぬ形で始めることになりました（快く育休を取らせてくれた上司には、本当に感謝です）。

3人で乗る初めての国際線。バンコク行きの飛行機は、搭乗直前で僕のおむつ替えに不備があり、早速、空の上で我が子にトラブル発生。それ以来、必ず子どもの着替えも機内に持ち込むようになるキッカケとなったハプニング付きのフライトでしたが、初めてのバシネット（座席の前に設置できる赤ちゃん用の簡易ベッド）も我が子は存分に活用してくれて、無事にバンコク到着。1か月半分のミルクとおむつも日本から持参したので、預け入れ荷物4個に、機内持込キャリーケース、そしてベビーカーという大量の荷物になりましたが、それらも無事に到着。

滞在期間中使い放題のＳＩＭカードも購入し、スワンナプーム国際空港から義母の家へ。２０２３年3月27日、わずか数か月前には考えたことすらなかった、初めての海外生活が、タイで始まりました。

滞在時間に制限がある観光で訪れる時とは違って、長期滞在で訪れる旅は、僕にとってはとっても新鮮。「せっかく来たのだから、何かしないといけない！」という気持ちも日に日に薄くなっていき、見えない何かに追われることもなく、一日一日を過ごせるようになりました。

1週間を過ぎる頃には、〝生活〟している気分も味わえるようになり、近所に行きつけのカフェができたり、当たり前のようにGrab Food（宅配アプリ）で食事を注文したり、外出するにしても夕方の大渋滞を避けて帰宅するようになったり、週末はなかなか旅行では行かないようなバンコク郊外の街へも出かけてみたり。中に入るとドンペンくんが「ドンドンドンキ、サワディーカップ」と迎えてくれるDON DON DONKI（タイのドン・キホーテ）へも日用品を買いに行くようになります。

ベトナム・フーコック島ではホテルでのんびり。

これまでの週末旅行では何度も来たことがあるタイでしたが、その時とはまったく異なる視点で一日の過ごし方を決めるようになり、新たな発見の連続です。

また、バンコクを拠点にすれば、日本の国内旅行感覚で違う国へも行けます（これは本当にうらやましい！）。マレーシア・クアラルンプール、ベトナム・フーコック島へ、それぞれバンコクから小旅行もしてみました。マレーシアでは、日帰りでしたが、マラッカへ初の子どもと2人旅も。僕は育休初日の反省を活かし、おむつ替えの不備もなく、世界遺産都市を2人で楽しみ、無事にホテルへ戻ることができました。

視点が増えたことで広がる世界

そんな初めての海外生活。0歳児が一緒なので、これまでの旅とはまったく異なる制約がたくさん出てきて、それが大変であることは間違いないのですが、大変さ以上にとても楽しく、僕も、妻も、おそらく子どもも、毎日が充実していました。

そんな毎日が充実している理由を突き詰めていくと、「できないと思い込んでいた、海外生活をしているから」ということも、もちろんあると思いますが、それだけではなさそう……。なぜなら、移住して１か月も過ぎた頃には、タイ以外の国へ行きたくなっていたから。寝る前にスカイスキャナーで、タイからお得に行ける場所を探すのが日課になっていました。

どうやら、僕にとって海外は、暮らす場所ではなく、旅する場所だったようです。ずっと滞在すると、違うところへ移動したくて、うずうずしてしまう。これは、僕の性格なのか、旅人の性《さが》なのか（たぶん、どっちも）。

そして僕が出した答えは、僕の旅に、妻、そして子どもが加わったことで、妻の視点、子（子連れ）の視点が加わり、タイというよく知っている街でも、視点が増えたことでたくさんの発見があり、とても新鮮に感じられるようになっていたから。

それはタイへ来る前、日本で少し味わった感覚と同じものでした。

日本での子どもと一緒に初めての外出。緊張しながらベビーカーで地下鉄に乗り、東京の銀座まで、日曜の歩行者天国へ行きました。初めてのことだらけで、いつもの駅へ向かう道ですら、めちゃくちゃ遠く感じたのですが、なんとか無事に行って帰ってこられた中で、驚いたことがあります。それは、街にはこんなにもベビーカーで子連れの人がいたのだということ。

34年間の独身ライフでは、ベビーカーの存在を、わざわざ気に留めることはありませんでした。自分の視野から、無意識のうちにベビーカーを排除して、街を見ていたのだと思います。それが独身ライフで僕が見ていた、街の景色。

それが、自分が子連れになった途端、無意識のうちに見ていなかった景色が〝見える〟ようになったのです。街がより鮮明に見えるという感覚。僕の見えている世界が、急に広がりました。

その日本で味わった感覚を、僕はタイでも味わっていたのです。

BTS（バンコクの電車）の駅でベビーカーの動線を気にしたり（ちゃんとエレベーターがある！）、おむつ替えスペースを探したり（デパートなら日本と変わらないくらい綺麗！）、レストランで店員さんに子どもをあやしてもらったり（大人がご飯を食べている間、ずっと抱っこしてくれるなんて！）。とくに、タイでは赤ちゃんはアイドルです。すれ違うだけで、知らない人から話しかけられます。時にはハイタッチを求められ、写真攻めにあうことも。赤ちゃんは生きてるだけで忙しい。

この旅で見えたそんな景色は、すべてが僕にとっては、一人旅の時なら見えなかった景色。それが見えるようになったことで、もう何度目かわからないタイでも、今まで以上に多くの発見があり、街が鮮明に見えて、新鮮な気持ちで楽しめていたのです。

この「世界が広がる」という感覚は、僕にとっては、とても心地の良い感覚。知らないことに触れて、知っていることが増える旅は、やっぱり楽しい。でも変わったのはタイではなく、僕自身。「できないと決めるのは、結局、自分」と同様に、見えている世界の範囲を決めていたのは、結局、自分で、その見えている世界を広げたのも、自分自身でした。

子育てにも「お休み」は必要

そしてこの育休は、僕にもう一つ、大切なことを教えてくれました。

2023年4月13日、タイはタイのお正月「ソンクラン」を迎えました。ソンクランの時期、タイでは街の至るところで〝水かけ祭り〟が行われます。バンコクでは4年ぶりの水かけ祭りの復活です。

ソンクランが近づくにつれ、街ではスーパーなどで大量の水鉄砲とアロハシャツ（いずれも現地の人のソンクランの必需品）が販売されます。バンコクで暮らしていると、ソンクランの始まりを感じない日はありません。そんな街の盛り上がりを知ってしまうと……いくら子連れとはいえ、行ってみたくなるものです。

しかし、さすがに0歳児が水をかけられるのは危険だと判断しつつも、実家で暮らす最大級のメリットを享受させていただくことに。子どもは2時間だけ義母に預かっていただき、妻と2人で、水かけ祭りへ行くことにしました。妻とは、出産後初のデートです。

妻とお揃いのアロハシャツを着て、水鉄砲もそれぞれ装備。2人とも初の水かけ祭りだったので、バンコクでも一番盛り上がるといわれる、バックパッカーの聖地として有名な「カオサン通り」へ向かいました。

15時過ぎに到着しましたが、すでにカオサン通りは、道を埋め尽くす、人、人、人。通りの両サイドにはテラス付きのバーが立ち並び、スピーカーから大爆音のEDMが迎えてくれました。

しかし、その音楽で盛り上がろうとしたのも束の間、通りに足を踏み入れると、バーのテラス席で優雅にお酒を飲むスナイパーたちに、一斉に狙われます。たまに氷を入れてキンキンに冷えた水やヤードム（タイ定番の清涼感のある嗅ぎ薬）入りの危険な水を発射してくる不謹慎な輩《やから》もいるので要注意。とくにヤードム入りの水から自らを守るためのゴーグルと、水がなくなった時に現地で補給するための10バーツ硬貨は必需品です。

僕が前日にスーパーで購入した水鉄砲は、見掛け倒しの水圧すぎて、カオサン通りではスナイパーたちにやられっぱなし。これが実戦ならライフがいくつあっても足りない状況でしたが、青空の下、人種や国籍、地位や立場なんて関係なく、新年を祝ってただただ水を掛け合うだけのハッピーなイベントは、あのリオのカーニバルで感じたような、ただ見るだけじゃない、参加すること、体験することで感じる特別な非日常だったのです。

そんなカオサン通りを抜けて、2人揃って異国の地で下着までガッツリずぶ濡れになり、服を乾かしながら帰る道。心の底から思いっきり楽しんだことで、心のリフレッシュができ、明日からまた子育てを頑張ろう！　と決意を新たにした2人がいました。

正直、育休を取る前は、ただでさえ会社を休んでいるわけなので、育休中は育児以外をしてはいけない、と思っていました。どれだけ我が子が可愛くても、毎日毎日初めての連続、思うようにいかない日々は、気がつかないうちに、心に疲れを溜めていきます。

ソンクランでスナイパーに狙われ続けたあと。

ですが、ソンクランに参加して、その疲れが一気に吹き飛ぶくらいの、リフレッシュができました。

育休中にお休みを取ってみたことで、仕事の合間に休みを取ってリフレッシュするのと同様に、育休（子育て）の合間にも、心を健康的な状態に保つためには、リフレッシュするための「休み」は必要だと、ソンクランは僕らに教えてくれました。

やっぱり、いつだって、どんな人にも、人生を充実させるためには「休み」は必要です。それは仕事にも、子育てにも。

好きなことをするもよし、友達と会うもよし、ただただ寝て体力回復するのもよし。「休み」は心と体をととのえてくれ、僕らに翼を授け直してくれます。僕にとっては、その「休み」＝「旅」で、仕事の合間に適度に旅を採り入れることで、常に心身ともにととのった状態を保つことができていたのです。

これからも、仕事はもちろん、子育ての合間にも適度に休みを作って、一人の時間、そして妻との時間も積極的に作ろう（そして、その一人の時間には、一人旅にも行かせてもらおう)。

タイでの育休は、休むことの大切さを知る「休み」にもなりました。

これからの僕の旅のカタチ

2024年。僕は今、「子連れだと、海外旅行に気軽には行けない」という、自分の思い込みを壊している、真っ最中です。2歳になるまで子どもは膝上でOKという特権をフル活用して、気がついたら、我が子は1歳3か月で、9つの国と地域に渡航。そして僕は子連れ旅だけでなく、もちろん一人旅も続けています。

旅先の選び方にも変化がありました。タイでの育休を経て、「一度行ったことがある国も、僕に新しい視点が加わることでまた新鮮な気持ちで楽しめて2度オイシイ!」と気づいてから、一人旅では「行ったことがない国」、子連れ旅では「行ったことがある国」を選ぶようにしています。とくに子連れ旅は、一度行ったことのある国だと、より安心して大人も楽しめます。

子連れ旅としては、何度も行ったことがあるハワイや韓国、オーストラリアへ。そんな国でも、一人旅とはまったく違う景色が見えて、新たな発見の連続。2023年の年越しで行った香港では、10回目の渡航にして、香港ディズニーデビューも（家族でハマってしまいました……！）。一人旅の時は、寝られればよかったホテルが、今では楽しみの一つにもなっています。誰かと楽しさをその場で共有できたり、子どもが日常では見せない、テンションが上がる姿を見られたりするのは、これはこれで楽しいもの。

一方、一人旅では、ウズベキスタンやカザフスタン、キルギスといった、僕にとっては未知の国へ（快く送り出してくれた妻に感謝！）。やはりそんな国を旅するときは、気軽さと機動力があるのがちょうどいい。そんな旅の中では、ふとした瞬間に、妻や子どもへのお土産を探していたり、テレビ電話で今見ている景色をシェアしたり、一緒に行くならどんな場所が喜ぶだろうと考えていたり。無意識のうちに、そんな視点も加わり、僕の一人旅はより充実したものに進化を遂げました。

妻と結婚し、子どもができたことで、楽しみ方が「増えた」僕の旅。カタチはいろいろ変化しても、その大好きな「旅」を通じて、僕は僕の思い込みを壊していくでしょう。

これからも人生のステージが変わるごとに、新たな視点を自分に加えながら、できないことが増えるのではなく、できることを増やしていく。僕は僕自身の旅を、そして僕自身の人生を、足を止めることはなく、できる方法の中でどんどん進化させていきたいと思います。

そんな僕の将来の夢は、「地球を見尽くしてから、宇宙へ行く」こと。できればこのままサラリーマンを続けながら。

まだまだ見たい世界がたくさんあるので、その間は週末や連休を最大限利用して地球を旅し続けますが、いつか地球を見尽くした時には、必ず宇宙へ行きたいと思います。いや、絶対に行きます。そこでしか見られない景色を見るためと、それを見たときに自分がどう感じるかを知るために。せっかくなら、妻と子どもも一緒に行けたらうれしいので、今のうちから根回しを始めておきます。

きっと何歳になっても、見たことのない世界（と旅の資金と体力）がある限り、僕の旅は終わりを迎えることはないでしょう。

そして僕は、今週もまた、旅へ行きます。

おわりに

最後までお読みくださり、本当にありがとうございました。
この本は、僕の夢が叶った一冊です。

小さな頃の東松少年は、こう見えて（?・）、読書好きで、いつか自分の本を出すことが夢でした。しかし、それをなかなか言い出せなくて、大学生の頃なんかは、エッセイを書いてmixiに載せては、恥ずかしくてすぐに消す日々。そして、気がついたら社会人に。「きっと仕事が忙しくて、文章を書く暇なんてない。むしろ、サラリーマンとして生きていくなら、その方がいい」。そう思い、人知れず、22歳で、僕は僕の夢を一度あきらめました。

しかし、それから6年後の2016年1月1日、リーマントラベラーになると決めたタイミングで、28歳になっていた東松青年は、どこかで聞いた「夢は声にすれば叶う！」という言葉をそのまま信じて、Facebookに「本を出したい！」

と投稿。すると、そこからたくさんの仲間が助けてくれて、本当に夢が叶ってしまったんです。宣言してから、わずか2年半で。

2018年にこの本の単行本版を上梓させていただいただけでなく、単行本版は台湾でも翻訳されて発売され（ちなみに台湾でのリーマントラベラーは〝上班族旅人〟です）、さらにこのように文庫にまでさせていただくことができ、本当に本当にうれしく、この本を手に取ってくださった皆様には、感謝の気持ちでいっぱいです。

2020年から22年は、旅ができなくて、辛い日々が続きました。その間に、世の中の価値観が大きく変わり、リモートワークが当たり前になったことに代表されるように、必ずしも〝移動〟が必要ではなくなりました。でも、僕らの「旅」はなくなりませんでした。

やっぱりどれだけ便利な世の中になっても、スマホの中で見る「世界」と、実際に見る「世界」は別モノです。行かないとわからないことが、たくさんあります。加えて、わざわざ行ってみて、その場所で感じることも人それぞれ。そんな非日常の中で感じたことから、新しい自分に出会えることもあります。

だから、旅はオモシロイ。

これから、世の中はさらに便利になって、移動しなくてもすむ世界が待っているかもしれません。ですが、僕らの未来にどんな世界が待っていたとしても、僕は自分に知らないことがある限り、それを求めて旅し続けたいと思いますし、そんな未来だからこそできる新しい旅が生まれると期待しています。

あともう一つ、その旅ができない間に実感したことが。それは、結局のところ、僕がリーマントラベラーとして旅を続けられるのは、やっぱり「リーマン」であるからだな、と。今も変わらずサラリーマンだからこそ、銀行口座には毎月必ず〝お給料〟という名の旅の資金が入ってきて、SNSなどで発信すれば共感してくれる仲間がたくさんいる。僕の大好きな旅に限って言えば、会社を辞めずに南米もアフリカも北極圏も行けたのだから、有休なども駆使すればサラリーマンだから行けない場所というのは、この世界に、きっとありません。

単行本でも書かせていただきましたが、あれから6年経っても、僕の考えは変わっていません。好きなことに打ち込んだり、何かにチャレンジしたりする上で、やっぱり、サラリーマンは〝最強の職業〟です。

旅に出る前の僕は、サラリーマンという生き方しか知りませんでしたが、旅に出たことで、「世界には本当にさまざまな生き方をしている人がいる」「自分の生き方は自分で決めるしかない」ということを知り、それを伝えたい！　と思って始めた、リーマントラベラー。その思いは、今もまったく変わっていません。大変ありがたいことに、小学校や中学校などで子どもたち向けの講演会（母校でも！）や、企業の人事部や労働組合主催の大人たち向けセミナー（直近だと農林水産省でも！）など、さまざまな伝える機会を作っていただきました。

でも、僕一人の力では、僕が伝えたいことを日本の人みんなに伝えるには、限界もあります。ですので、講演会のみならず、ＳＮＳやオンラインサロン、時にはテレビや新聞、雑誌といったメディアなど、皆さんの力も借りながら、これからも旅を通じてたくさんの人に伝える活動という「旅」も続けていきます。

そして何より、僕自身が、誰かの生き方の選択肢にもなれるよう、これからも足を止めることなく、僕らしい生き方で突き進んでいきます。サラリーマン、そして旅を続けながら。

最後になりましたが、旅を通じて、自分の「好き」に気がつくまで、やりたいことが見つからない僕でしたが、「リーマントラベラー」という、やりたいことが見つかってからは、本当にたくさんの人に助けていただき、ここまで頑張ることができました。いつも快く旅に送り出してくれる会社のメンバー、困ったら相談に乗ってくれる友人、いつも背中を押してくれるリーマントラベルサロンのメンバー、応援してくださっているフォロワーの皆様、いつも一番近くで支えてくれる妻、娘、家族のみんな、そして文庫化という夢の舞台の第2章に僕をあげてくださった河出書房新社の稲村光信さん、新屋敷朋子さんには、この場をお借りして、心より感謝申し上げます。

まだまだ僕は、旅の途中。まだ見ぬ世界を見るために、まだ知らない自分に出会うために、これからも旅は、僕の人生の中心です。

さて、あなたは今週末、何をして過ごしますか？　週末だけで世界一周もできたのですから、「できない」と思ってあきらめていることも、もしかしたら、できる方法があるかもしれませんよ。

それでは皆様、良い週末を。
Have a safe trip!

2024年4月吉日

リーマントラベラー　東松寛文

TABI NO SHIORI

旅のしおり

今すぐ行ける
海外旅行
10のテクニック

リーマン
トラベラー
直伝！

ブログでもいろいろ情報載せてます！

TABI NO SHIORI

旅前

1
行き先の決め方

Q：行き先はどうやって決めたらいいの？

A：「ここしか休めなかった休み」を「最高のタイミング」に変えよう！

社会人の海外旅行は「どこに行くか」ではなく、「いつ休めるか」で決まることが多いでしょう。まとまった休みが取りやすい時期は、連休やその前後だったり、お盆や年末年始だったり、仕事のプロジェクトとプロジェクトの合間だったり……。そうなると、休める期間で、行きたい場所が必ずしもベストシーズンだとは限りません。

だったら、こんな方法で行き先を決めてみてはいかがでしょうか。

休める期間で行われている世界中のイベントから行き先を決める！

僕は行き先を決めるとき「休める期間で行われている世界中のイベント」を調べます。その中で一番面白いものを選んで行き先を決定します。そうすると「ここしか休めなかった休み」が、そのイベントに行くことができる「最高のタイミング」に変わるのです！　いつでも見られるわけではない〝限定感〟が、一気に旅の満足度を高めてくれます。

イベントの見つけ方は、インターネットで「世界　7月　お祭り」などのキーワードで検索すればＯＫ。また、英語のキーワードで検索して、現地の旅行系メディアなどをチェックするのもおすすめです。

イベントといっても「お祭り」だけではありません。たとえば、こんなのもアリです。もし、イベントが見つからなければ、せっかくなのでベストシーズンの旅先を探して行くようにしています。

・イベントの例

サッカーや野球などのスポーツの試合、音楽フェス、ライブ、クラシックコンサート、演劇、展覧会、美術展、クリスマスマーケット……etc.

この国なら週末だけでも行ける！　十分楽しめる！

忙しい社会人なら、週末や3連休だけで行ける場所もおすすめです。「週末海外」は一見ハードルが高く見えますが、一度やってしまうと簡単だと気づき、一気に海外旅行のハードルが下がると思います。「土日オーストラリア」や「3連休ロサンゼルス」でも十分楽しめますよ。ぜひ次の週末にチャレンジしてみてください！　なお、下に紹介する国には金曜日の深夜出発、月曜日の早朝帰着も含みます。

・土日で行ける国
韓国、中国、香港、マカオ、台湾、フィリピン、ベトナム、マレーシア、タイ、シンガポール、インドネシア、オーストラリア（シドニー）……etc.

・3連休で行ける国
ラオス、カンボジア、インド、UAE、カタール、イラン、サウジアラビア、トルコ、フィンランド、イギリス、フランス、ドイツ、アメリカ（ロサンゼルス／ハワイ）、オーストラリア（ケアンズ）、……etc.

アメリカNo.1スポーツNFLを現地で観戦。

香港で伝統衣装を
レンタルして街を散策。

TABI NO SHIORI

旅前

2
航空券の取り方

Q：忙しい社会人がもっと気軽に海外へ行くにはどうしたらいいの？

A：金曜日夜は合コンではなく空港へ。人より一足お先に週末を！

週末を充実させるために、「土曜日の朝は早起きしよう」ではもう遅い！　僕は、金曜日の仕事終わりから週末を始めます。そして、月曜日の仕事始まりまでを週末と捉えると、僕の週末（土日）は48時間ではなく64時間に延長！

そう考えると、海外旅行にも行けそうですよね？

おすすめの航空券の購入方法

忙しい社会人におすすめの航空券の購入方法は断然インターネット。僕はいつも旅行券比較サイト（スカイスキャナーなど）で金額を比較しながらスマホで航空券を購入します。また、定番の観光地に行くときは、航空券＋ホテルのパッケージで購入するのもアリです！

深夜発の便をフル活用！寝ながら移動せよ！

週末海外旅行は睡眠時間でいかに移動するかがカギ。そのため、行きの飛行機は、会社帰りでも空港に直行すれば間に合う「休み前日の深夜発の便」を狙います。人より一足お先に週末を始めましょう。

長期の休みで使える航空券テクニック

1—オープンジョー

行きと帰りの空港が異なること。複数都市を観光できるうえに、普通の往復航空券とほぼ変わらない値段で行けます。

2—ストップオーバー

トランジット先で24時間以上滞在すること。トランジット先でも観光することができ、航空券の値段もほとんど変わりません。

TABI NO SHIORI

旅前

3 ホテルの予約方法

Q：ホテルは予約サイトがたくさんありすぎて決められない！

A：7つのポイントを押さえて、自分にぴったりのホテルを見つけよう！

旅の満足度を高めるには、ホテル選びも重要です。旅のホテルを予約するときは、行くメンバーによっても変わりますが、以下の7つのポイントを押さえて、自分にぴったりのホテルを選びましょう。

ホテル予約の7つのポイント

1 ホテルか？ 民泊か？

ホテルなら「Booking.com」など、民泊なら「Airbnb」などを使います。

2―個室か？　ドミトリーか？

僕は「個室」一択。短期滞在では「寝る」以外の選択肢は不要です。一方で、旅人との交流を楽しみたい方や費用をできる限り抑えたい方はドミトリーがおすすめです。

3―宿泊料金は？

予算に合わせて決めましょう。僕は一人旅なら1泊1万円前後の部屋です。

4―支払い方法は？

「事前決済か？　現地決済か？」、現地決済なら「カード払いが可能か？」をあらかじめ確認しておきます。マリオット系なら普段のカード払いでポイントをためて泊まるという手も。

5―無駄な移動を減らせるか？

無駄な移動を増やさないためにも、「その日の最後に行く街」もしくは「翌日の最初の目的地への移動が便利な街」のホテルを押さえましょう。

6―Wi-Fiが使える「範囲」は？

たまに使用の範囲が「共用部分のみ」のところがあるのでご注意を！

7―レビューの評価は？

ここまでのポイントを押さえたホテルが見つかったけど、「それでも不安」「まだいくつか候補がある」という人は、ホテル予約サイトやGoogle Mapsの口コミや評価を見て決定しましょう。

TABI NO SHIORI

旅前

4

社内調整術

Q：同僚がなかなか休まないので、休みが取りづらいです……

A：夢を語って休みをゲット！事前の根回しも忘れずに！

旅行の前にすることとは、航空券やホテルの手配だけではありません。会社員たるもの、事前の「社内調整」も非常に重要。どんな時でも、帰ってきたら仕事が待っていますからね。これをやっておくだけで、旅行が一気に快適になります。

「休む理由」を熱く語って休みを申請！

有休は会社員の権利ではありますが、まだまだ申請しづらい職場の人もいると思います。それ故、申請タイミングは非常に重要。上司の顔色をうかがいながら、機嫌のいいときを狙って申請します。その際、「休む理由（＝行く目的）」を説明しましょう。たとえば「小さい頃から見たかったＮＢＡのチケットが手に入った」など熱く夢を語るのが最も有効です。

メールを活用して旅行中のトラブルを防げ！

僕の場合、旅行に行く１週間から直前までは、社内メールを送る際、最後の署名欄の上に「※大変僭越ながら●月●日～●日までお休みを頂戴します。」と記載しています。しかし、あまりに主張が強すぎると嫌味と取られかねないので、文字のサイズを本文より少し小さくしています。そうすることで、自然と休みの期間を周知できます。

また、旅に行っている間は、メールの自動応答（不在時の自動返信）を設定し、休んでいることをアナウンスします。このとき、「海外にいて電波状況が悪い環境にいること」と、「誰（引き継ぎ者など）に連絡したらいいか」も必ず記載。これは、仕事のトラブルを減らすためには重要なテクニックです。

ただし、取引先に同様のメールを送ると失礼にあたる場合もあり、そこは皆様の社会人らしい判断をお願いします。

TABI NO SHIORI

旅中

5 機内での過ごし方

Q：機内でのおすすめの過ごし方は？

A：「三種の神器」で体力回復を図ろう！

限られた休日で旅を最大限に楽しむには、現地に到着するまでに、平日の仕事で疲れた体を少しでも回復しておきたいところ。

僕は行きの機内に必ず携帯するアイテムがあります。

週末旅行の「三種の神器」はこれだ！

1 〝ノンカフェイン〟栄養ドリンク

1週間の疲れがたまった体に、まずは栄養を注入します。間違ってもカフェインが入った栄養ドリンクは飲まないようにしてください。

２―着圧スパッツ

飛行機に乗ると足がむくんで、現地到着後も足に疲れが残ることがしばしば。そこでいつも機内では着圧スパッツを着用しています。

３―ホットアイマスク

機内での快適な睡眠のためにホットアイマスクを使い、疲れた目を癒やしてあげましょう。使い捨てなのも便利です。

映画や本をスマホにダウンロードしておこう！

長時間フライトだと、出発前にスマホに映画やドラマ、電子書籍をダウンロードしておいて、好きな作品をいつでも機内で楽しめるようにしています。

時差ボケ対策をしておけば帰国後の仕事もつらくない！

僕の場合、最終日に現地の空港に到着したところで、時計を日本時間に戻して日本時間で過ごすようにしています。また、アジアなど時差の少ない国への弾丸旅行であれば、最初から時差を無視して過ごすのもおすすめです。

TABI NO SHIORI

旅中

6 スマホ活用術

Q：海外旅行ではいつもスマホはどうしてる？

A：スマホをフル活用すれば旅がもっと快適に！

スマホは現代の旅の必需品。今までの海外旅行をより快適に、かつより充実させてくれます。

ぜひ、海外でも日本にいる時と同じようにスマホが使えるように準備して、ラクに旅しましょう。

スマホを海外でも使えるようにしよう！

海外でスマホをいつも通り使えるようにするには、①現地で使えるような設定にする（ahamo や楽天モバイルなどが便利)、②レンタルWi－Fiを日本で借りていく、③現地で使用可能なSIMカードを購入(日本でもAmazonなどで購入可)、の3つの方法があります。お得に使えるようにするには①か③がおすすめ。

これさえあれば大丈夫！海外で使えるスマホ用アプリ

1―配車タクシーアプリ

「Uber」「Grab」「Lyft」「FREENOW」など(国によって異なります)配車タクシーアプリは現代の旅には欠かせません。目的地を指定でき、今いるところまで迎えにきてくれ、金額はあらかじめ決まっていて、そのうえ一般タクシーよりも安いことも多いです。

2―地図アプリ

地図は「Google Maps」がおすすめ。あらかじめ渡航先をダウンロードしておけば、機内モードでも現在地の確認が可能。また、レストランのWeb予約や配車アプリとの連携なども国によってはできるのでフル活用しましょう！

3―翻訳アプリ

現代の旅には必須！「Google翻訳」(韓国は「Papago」)は必ず入れておきましょう。とくに僕が使う機能は〝会話〟モードと〝カメラ〟モード。レストランのメニューはカメラ翻訳で一発変換！

TABI NO SHIORI

旅中

7 現地でのコミュニケーション術

Q：英語が話せなくて不安です……

A：これだけ覚えておけば現地の人とも仲良くなれる！東松イングリッシュ！

海外旅行に英語は必要ありません。スマホが使えれば、翻訳アプリがすべて解決。それにプラスして少しでもコミュニケーションができるとより旅が充実するので、いまだに英語が話せない僕のコミュニケーション術を公開します。

とりあえず〝単語〟を声に出して言ってみよう

文法通りに話す必要はありません。文章が出てこなければ単語だけでＯＫです。それでも伝わるはずです。困ったときは笑顔で甘えましょう。

写真をお願いして、ついでに仲良くなろう

仲良くなるために一番簡単でおすすめの方法は「写真をお願いすること」です。このときに意識したほうがいいのは、〝観光ビジネスをやっていない〟現地の人を見つけることです。これは自分の目で見極めるしかないので、誰にお願いするかは熟考しましょう。あとはそこで仲良くなって、その人に地元のレストランやクラブなどを聞いたりしましょう。

英語が通じない国へ行くときに覚えておく3つのフレーズ

ここまで度胸がつけば、英語すら通じない国も楽勝です。僕はスペイン語が公用語のキューバへ行ったとき、次の3つのフレーズだけ覚えて渡航し、予想以上に楽しめてしまいました。

スペイン語圏の国へ行く場合、覚えるべき3つのフレーズ

- Hola!《オラ》（やぁ！）
- Perdón《ペルドン》（すみません）
- Dónde está《ドンデエスタ》～？（～はどこですか？）

TABI NO SHIORI

旅中

8 旅の満足度を上げる方法

Q：ガイドブック通りの旅行だと楽しめません……

A：旅の満足度を上げるカギは「お約束」と「オリジナル」！

高いお金をわざわざ使って行く海外旅行。だからこそ、満足度は最大限に高めたいもの。満足度が上がれば、相対的に見て航空券も安く感じることがあります。そのために、僕はこんなテクニックを使っています。

旅の満足度のカギを握る「お約束」

旅の満足度を上げるために、まずは「お約束」を一つしておくことが大切です。ニューヨークに行ったらタイムズスクエアへ、パリに行ったらエッフェル塔へ。僕は現地に着いたらまずは定番スポットへ行き記念写真を撮って最低限の満足を獲得してから旅を開始します。

人と被らない「オリジナル」の旅をする

定番を押さえたら、そこからは自分「オリジナル」の旅をしましょう。ガイドブック通りに定番をすべて回るのもいいですが、人と被らないアクティビティをすれば、もっと満足度が上がるはず。

たとえば、次頁に挙げるアイディアは気軽にできるのでおすすめです。

誰とも被らない「オリジナル」を見つけるコツは英語検索

〝日本ではまだ知られていない〟体験は、とくに満足度が上がります。そのためには、日本語ではなく英語や現地の言語でWeb検索しましょう。よく使う検索ワードは「The best things to do ●●（地名）」です。そうすれば、より人と被らない旅先を見つけることができます。

とくに僕は海外メディア（雑誌や新聞）の旅行特集をよく参考にして、日本ではまだ知られていないレストランやアクティビティを見つけています。

旅の満足度を高める20のアイディア

□レンタカー／レンタルバイクを運転
□現地の民族衣装をレンタルして着る
□本当は日本でも着たいけど、ちょっと恥ずかしくてなかなか着られない服を着る（タンクトップ、短めの短パン、ビキニなど）
□現地の布で服をつくる
□スポーツ観戦時に応援するチームのユニフォームを着る
□雑誌などのパロディ写真を撮影
□現地の市場を見学
□現地の人しか行かないレストランへ行く

台湾で『anan』台湾特集の女優・土屋太鳳ちゃんになりきる！

□日本で流行している店の発祥の地／本店に行く
□キャンプやBBQをする
□地元でしか食べられないものを食べる（ゲテモノ、地元のお酒など）
□温泉やサウナへ行く
□床屋や美容院へ行く（散髪、シャンプー、髭剃り）
□流行りのクラブへ行く
□早起きしてランニング／筋トレ
□映画やドラマ、アニメ、有名人の聖地巡礼
□登山やマラソン大会などに参加
□現地の人と写真を撮る
□現地限定のお土産を買う
□日本未上陸の商品・サービスを探す

ロンドンにある世界最古の床屋で散髪！

TABI NO SHIORI

旅後

9 SNS活用術

Q：旅の写真をバンバンSNSにあげたいのだけれど……

A：〝旅好きキャラ〟をブランディングして、旅に出やすくなろう！

SNSを活用して「旅好き」をブランディングしましょう。〝旅好きキャラ〟が定着すれば、「次はどこに行くの？」と周りから聞かれることが多くなり、さらに旅に行きやすくなります。

しかし、僕らが海外旅行へ行って感じた〝非日常〟は、日本で日常を過ごしている人からすれば〝違和感〟でしかありません。SNSの投稿は回数を絞って最大限の効果を狙いましょう。

自分が思いっきり楽しんでいる写真を！

変にカッコつけた写真は、自慢っぽくなってしまい、見る人によってはいやらしく感じます。しかし、全力で楽しんでいる写真は他の人が見ても楽しいので、投稿した写真にも「いいね！」がつきやすいです。また、アップした写真に「いいね！」がたくさんつけば、旅の満足度がさらに上がるので一石二鳥。

そんな写真を撮るときに一番手軽でおすすめなのが「笑顔で全力ジャンプ」です。ジャンプ写真は連写機能を使うとうまく撮ることができます。

投稿しすぎはＮＧ！

とくに仕事の人ともつながっているＳＮＳ（Facebookなど）は平日に投稿しすぎるのはＮＧ。いやらしくならない程度にしておきましょう。

ＳＮＳプロフィールは旅のときの写真を！

キャラづくりのためにも、ＳＮＳのプロフィール写真は旅の写真にして旅好きをアピールしましょう。僕は会社メールのアイコンも旅の写真です。

TABI NO SHIORI

旅後

10

お土産

Q：お土産って買ったほうがいいの？

A：お土産は次の旅に行きやすくなるツール。渡す効果の最大化を狙え！

最後に重要なのは「お土産」です。お土産は「ただ買ってくればいい」というものではありません。モノ選びから渡し方まで、すべてが次の旅につながっていきます。お土産を有効活用して、旅しやすい環境を自分で作っていきましょう。

現地でテンションが上がって買った物は絶対NG！

お土産は「感謝を伝えるツール」であって、「渡す人のセンスを伝えるツール」ではありません。一番買ってはいけないのが「何に使えばいいのかわからない変な物」。渡す本人からすれば〝非日常〟かもしれませんが、日本にいる人からすればＳＮＳの投稿同様、それは〝違和感〟でしかありません。迷ったら、定番の物にしておけば間違いありません。

手渡しで感謝を伝えよう

お土産は個包装のものがベストです。一人ひとりに確実に「手渡し」をして、休みをもらった感謝を直接伝えましょう。

また、渡すときは必ず旅の話になると思うので、そこでの「旅好きな自分アピール」も忘れないようにしましょう。とくにＳＮＳを見ない上司なら、旅好きを知ってもらうためにも非常に重要です。

旅に行きやすくなったらお土産は適度に

旅好きキャラが定着したら、お土産を買う回数を減らしてもいいでしょう。お土産は、お金もかかりますし、荷物にもなるので、キャラ定着後は自分の負担にならない範囲でいいと思います。今僕は、長期休暇を取ったときだけ職場の同僚にお土産を買うと決めています。

本書は、二〇一八年六月に小社から刊行された『サラリーマン2・0　週末だけで世界一周』を改題のうえ、文庫化したものです。文庫化にあたり、単行本の第8章に代わり、大幅な書き下ろしを加えました。

リーマントラベラー
週末《しゅうまつ》だけで世界一周《せかいいっしゅう》

二〇二四年 四 月一〇日 初版印刷
二〇二四年 四 月二〇日 初版発行

著　者 東松寛文《とうまつひろふみ》
発行者 小野寺優
発行所 株式会社河出書房新社
〒一五一－〇〇五一
東京都渋谷区千駄ヶ谷二－三二－二
電話〇三－三四〇四－八六一一（編集）
〇三－三四〇四－一二〇一（営業）
https://www.kawade.co.jp/

ロゴ・表紙デザイン 粟津潔
本文フォーマット 佐々木暁
本文組版 株式会社キャップス
印刷・製本 中央精版印刷株式会社

Printed in Japan ISBN978-4-309-42095-0

果てまで走れ!　157ヵ国、自転車で地球一周15万キロの旅

小口良平　41766-0

さあ、旅に出かけよう！　157ヵ国、155,502㎞という日本人歴代１位の距離を走破した著者が現地の人々と触れ合いながら、世界中を笑顔で駆け抜けた自転車旅の全てを綴った感動の冒険エッセイ。

ローカルバスの終点へ

宮脇俊三　41703-5

鉄道のその先には、ひなびた田舎がある、そこにはローカルバスに揺られていく愉しさが。北海道から沖縄まで、地図を片手に究極の秘境へ、二十三の果ての果てへのロマン。

アロハで田植え、はじめました

近藤康太郎　41961-9

１年分の米さえ自作できれば、お金に頼らず生きられる⁉　赴任先の長崎で思わず発見した、社会から半分だけ降りて生き延びる方法。前代未聞・抱腹絶倒のオルタナ農夫体験記。ラランド・ニシダ氏絶賛！

自己流園芸ベランダ派

いとうせいこう　41303-7

「試しては枯らし、枯らしては試す」。都会の小さなベランダで営まれる植物の奇跡に一喜一憂、右往左往。生命のサイクルに感謝して今日も水をやる。名著『ボタニカル・ライフ』に続く植物エッセイ。

瓦礫から本を生む

土方正志　41732-5

東北のちいさな出版社から、全国の〈被災地〉へ。東日本大震災の混乱の中、社員２人の仙台の出版社・荒蝦夷が全国へ、そして未来へ発信し続けた激動の記録。３・11から10年目を迎え増補した決定版。

アトリエ　インカーブ物語

今中博之　41758-5

知的障がいのあるアーティストが集う場所「アトリエ インカーブ」。世界的評価の高いアーティストを輩出した工房は何の為に、いかにして誕生したのか？　奇跡の出会と運命、そして必然が交錯した20年。